소피의 사라진 수학 시간

조은수 글

학교 다닐 때 수학 시간엔 늘 공상을 했어요. 너무 외로운 시간이었지요.
그런데 어른이 되어 수학자들의 이야기를 들으면서 알게 되었어요.
수학자들도 끝없이 떠오르는 물음의 답을 찾아 공상에 빠진 사람들이라는 걸.
그중에서도 유독 수학이라는 꿈속에 빠져 사느라 정작 현실 세계에선 이해받지 못한 채
고독하게 산 세 사람. 만약 이들이 시공간을 뛰어넘어 한자리에 모인다면 어떨까?
어떤 역사서에도 기록되지 않은, 한밤중에 열린 세 수학자들의 비밀 모임을 제 공상력으로 그려 보았어요.
저처럼 쓰디쓴 수학의 맛에 질리기 전에 매혹적인 수학의 맛을 한 조각 맛보길 바라면서요!
그동안 만든 책으로 《말도 안 돼!》, 《뇌토피아》, 《악어 엄마》, 《톨스토이의 아홉 가지 단점》, 《달걀 생각법》 등이 있고
《난 토마토 절대 안 먹어》, 《모두 소중해》 등을 번역했습니다.

유현진 그림

대학에서 영문학을 전공하고 교사와 기획자로 일하다가, 학창 시절 모든 교과서 귀퉁이에 낙서를 하던 기질을 살려
그림책 작가가 되었습니다. 벌레와 광물에 주로 관심을 가지다가 근래에는 물리학과 물리학이 그리는 우주의 밑그림을
들여다보는 데 재미를 느끼고 있습니다.
그동안 만든 책으로 《말도 안 돼!》, 《아빠랑 간질간질》 등이 있습니다.

소피의 사라진 수학 시간

초판 1쇄 발행 2024년 2월 15일 초판 2쇄 발행 2024년 11월 20일
글 조은수 | 그림 유현진
펴낸이 김명희 | **편집** 이은희 | **편집 진행** 차정민 | **디자인** 조은화
펴낸곳 다봄 | **등록** 2011년 6월 15일 제2021-000136호
주소 서울시 마포구 토정로 222 한국출판콘텐츠센터 305호
제조국 대한민국 | **사용연령** 8세 이상 | **전화** 02-446-0120 | **팩스** 0303-0948-0120
전자우편 dabombook@hanmail.net | **인스타그램** instagram.com/dabom_books
ISBN 979-11-92148-96-0 73410

※ 책값은 뒤표지에 있습니다.
※ 잘못 만든 책은 구입한 곳에서 교환해 드립니다.
※ 종이에 베이거나 긁히지 않도록 조심하세요. 책 모서리가 날카로우니 던지거나 떨어뜨리지 마세요.

소피의 사라진 수학 시간

조은수 글 | 유현진 그림

다봄.

차례

수학 금지령 6

신비한 삼각 모임 14

도르래 왕자 아르키메데스 이야기 22

결혼이냐 수학이냐 34

아르키메데스의 양피지 44

사라진 소피 56

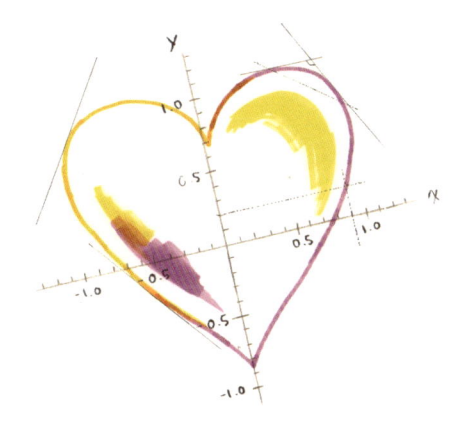

검은 빵 아저씨의 비밀 · · · · · · · · · · · · · · · · · · · 70

세상의 모든 모양 · 78

버섯 사냥꾼 페렐만 이야기 · · · · · · · · · · · · · · · · 86

만유 고독력의 법칙 · 94

유령 학생 소피 제르맹 이야기 · · · · · · · · · · · · · · 108

무한의 인사 · 120

세 명의 수학자를 소개합니다 · · · · · · · · · · · · · 130

"숫자는 몸에 나빠!"
"수학 공부는 절대로 하면 안 된다."
소피의 엄마와 아빠가 무서운 얼굴로 말했어요.
"정 잠이 안 오거든 여기 수를 놓으렴. 얼마나 좋으니……. 여자답고 말이야."
엄마가 측은한 목소리로 덧붙였어요. 아빠는 소피가 몰래 옷장 안에서 수학 공부를 하지 못하게 옷장 문을 단단히 걸어 잠갔어요. 난로에서 불을 빼 가고, 방문까지 걸어 잠갔어요. 촛불도 켤 수 없게 양초도 가져갔지요. 이제 소피는 숫자들과 만날 수가 없어요……라고 생각하는 건 소피의 엄마, 아빠뿐이죠.

소피는 이불 밑에 숨겨 둔 양초를 꺼내 살그머니 불을 붙이고, 이불로 몸을 돌돌 말았어요. 그러고는 소피의 두 친구인 석판과 석필을 꺼냈어요. 곧이어 사각거리는 소리와 함께 숫자들이 다시 나타났어요.

소피는 무한하고 자유로우면서도 엄밀하고 명확한 숫자들의 세계, 수학이 너무 좋았어요.

소피가 수학을 처음 만난 건 프랑스 혁명이 터진 1789년 7월 14일이었어요. 그날 성난 시민들이 파리의 바스티유 감옥 문을 부수며 저항을 시작했어요. 오랜 배고픔과 불평등에 시달리다 더 이상 못 참고 들고 일어난 거예요. 와장창, 바스티유 감옥 문이 부서지며 자유와 평등이라는 새로운 세계가 열린 날, 소피에게는 꽉 닫혀 있던 수학의 문이 열렸어요.

"오늘부터 외출 금지다. 열세 살짜리 아이에게 지금 밖은 너무 위험해."

아빠는 소피에게 외출 금지령을 내렸고, 소피는 집 안을 돌아다니다 무심코 서재 문을 열어 보았어요. 거기엔 책이 엄청나게 많았어요.

소피는 무슨 책을 읽을까 둘러보다가 우연히 《수학의 역사》라는 책을 골랐고, 한번 펼치자마자 책을 다시 덮을 수 없었어요. 특히 아르키메데스의 죽음에 충격을 받았지요.

'도대체 수학이 뭔데 수학을 위해 죽기까지 한 거지?'

소피는 계속 이 책에서 저 책으로 이어 가며 수학에 빠져들었어요.

"소피, 이건 꽃무늬가 아니잖아."

소피가 수를 놓은 걸 보고 엄마가 못마땅한 얼굴로 말했어요. 하지만 소피는 자기가 놓은 수를 황홀한 눈빛으로 바라보며 중얼거렸지요.

"모든 면이 똑같은 정다면체예요. 정말 아름답지 않아요?"

엄마는 소피의 말을 이해하지 못했어요. 이뿐만이 아니에요. 엄마는 소피가 피아노를 뚱땅거리는 소리가 못마땅해서 한 소리 했어요.

"소피, 차라리 모차르트를 연주하지 그러니?"

"엄마, 이 건반들은 마치 숫자들 같아요. 흰 건반이 자연수라면, 검은 건반은 유리수인 셈이지요. 정말 정교하지 않아요?"

한번은 식사 자리에서 느닷없이 식탁에 놓인 도자기 그릇을 숟가락으로 치며 '댕댕댕' 소리를 냈어요.

"이 소리는 좀 무질서하죠? 딱 떨어지는 숫자로 표현이 안 될 것 같아요."

"당최 뭔 소리를 하는 건지? 여보, 소피가 당신 서재에 들어간 날부터 저렇게 이상한 소리만 한다니까요."

그날부터 엄마와 아빠의 염려와 잔소리가 소피에게 쏟아졌어요. 하지만 소피의 귀에는 하나도 들리지 않았어요. 생활에서 날마다 발견하는 수학이 놀랍고 신기하고 재미나기만 했거든요.

"엄마, 이 냅킨은 반으로 접으면 이등변 삼각형이 돼요. 이 접시의 넓이는 반지름을 제곱하고 거기에 파이를 곱해서……. 저 벽지 무늬는 완벽한 대칭인데요……. 이 발깔개는 반원이에요. 저 모퉁이에는 부채꼴이 딱 맞을 텐데……."

소피는 언니나 동생처럼 시를 읊는 대신 구구단을 외우고, 그림을 그리는 대신 방정식을 풀었어요. 그러다가 대리석 바닥에 그려진 무늬를 보며 원과 마름모 모양을 찾아 한없이 바라보기도 했지요. 부모님은 이런 소피가 영 못마땅했어요.

아무리 말려도 말을 듣지 않자 소피 부모님은 급기야 소피가 수학 공부를 못 하게 밤마다 양초와 난로의 불을 빼 갔어요.

그날 밤도 소피는 부모님 몰래 숫자들과 도형의 세계에 빠져들었어요. 일렁이는 촛불 아래 몸을 이불로 돌돌 만 채 책상에 앉아 원 넓이를 구하고 있었지요.

"어이, 춥다. 상트페테르부르크의 겨울은 정말 추워."

갑자기 어른 남자 목소리가 들려왔어요.

"누구지? 이 한밤중에? 문이란 문은 꼭꼭 잠겨 있는데?"

소피는 잘못 들었나 싶었어요. 하지만 다시 소리가 났지요.

"쾅쾅쾅! 문 좀 열어 줘요!"
옷장 문이 덜거덕거렸어요.
'저 안에 누구지? 하인이 장난하다 잠이 들었나?'
그런데 어떡하죠? 옷장 문 열쇠는 소피에게 없었거든요.

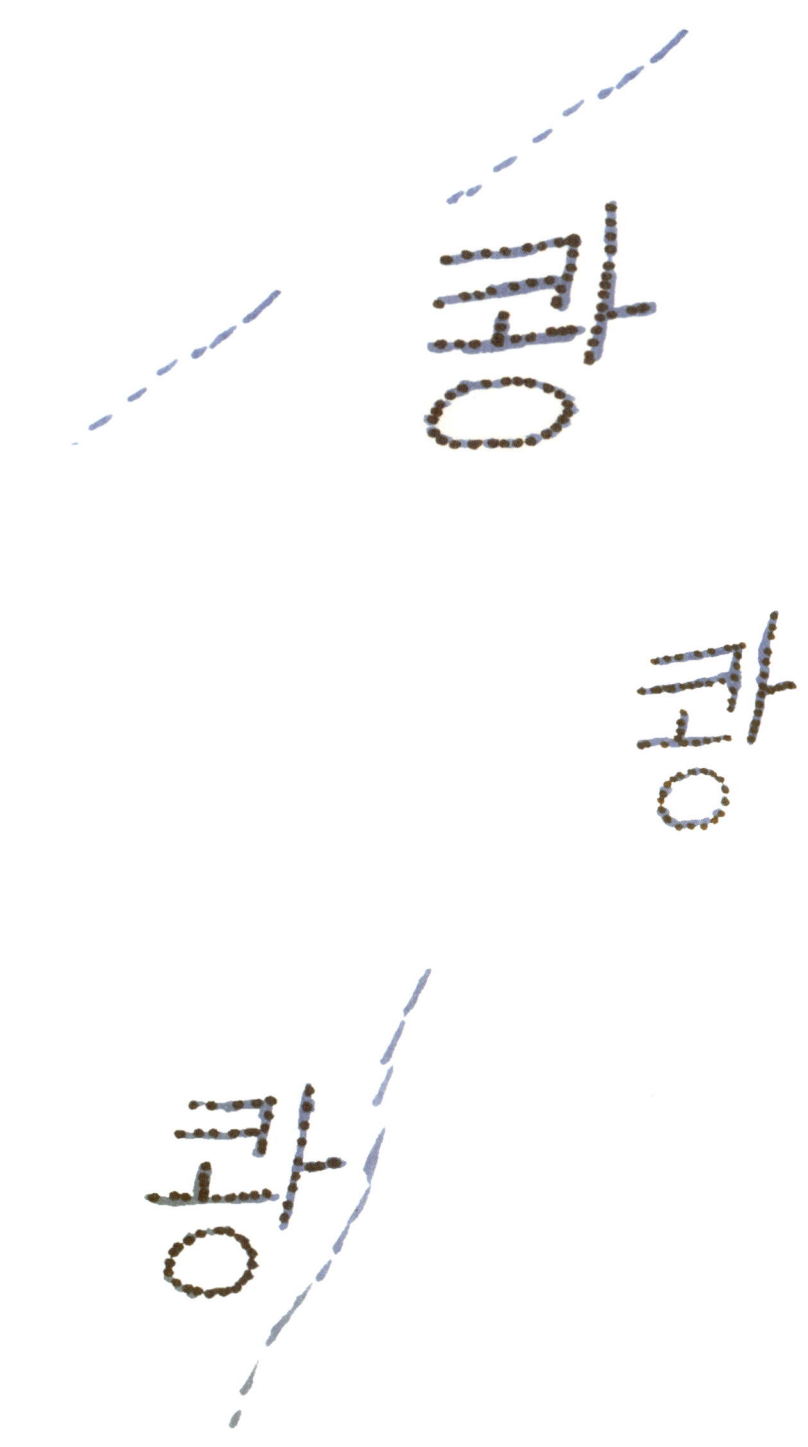

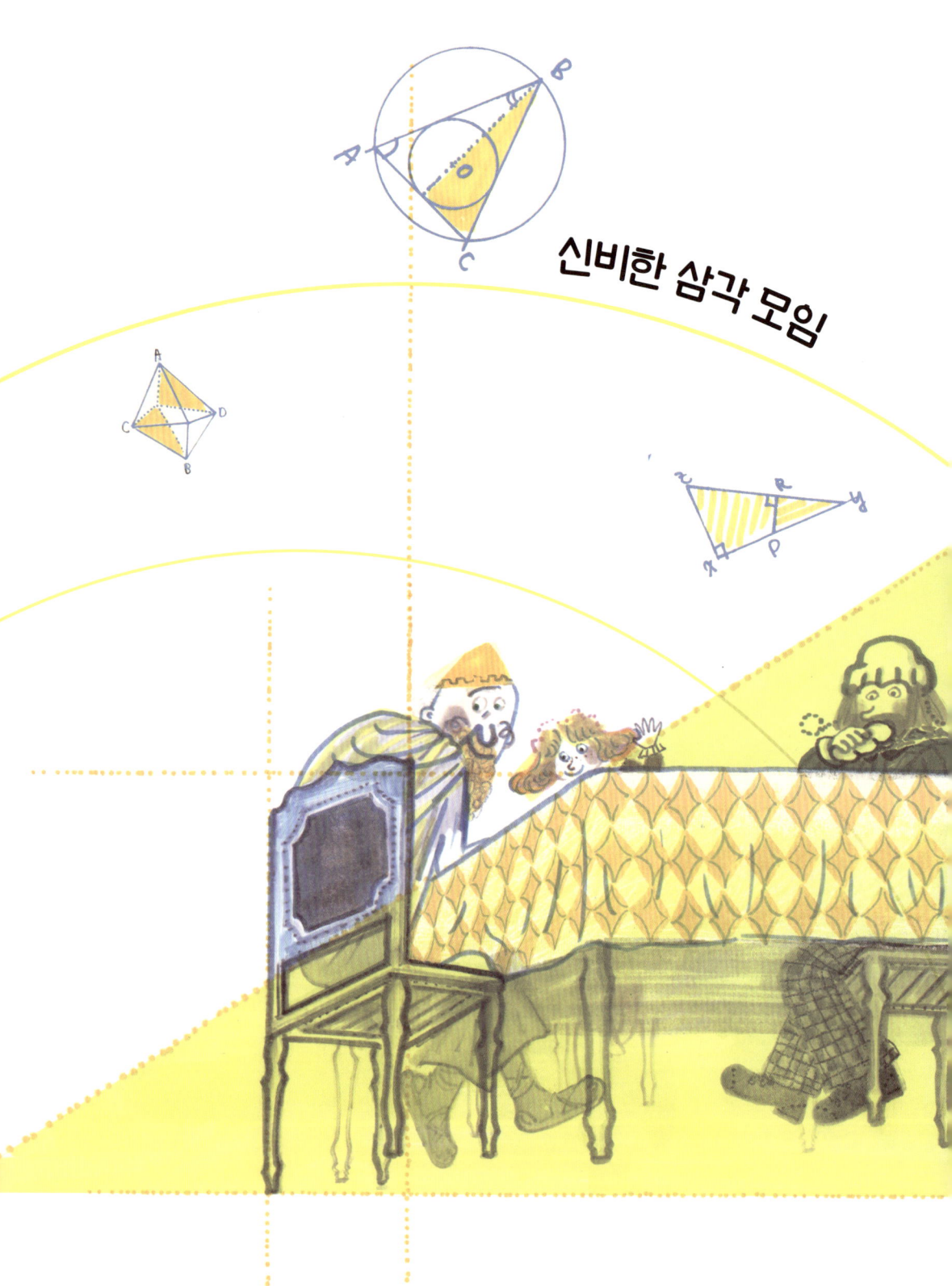
신비한 삼각 모임

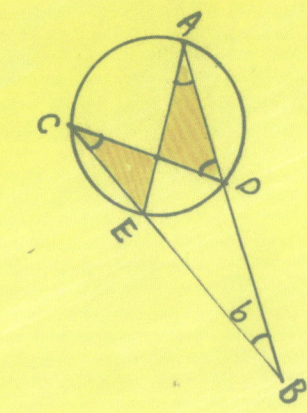

　소피는 겁이 좀 났지만, 이런저런 생각을 논리적으로 풀어 가야겠다고 생각했어요. 모름지기 수학자라면 그렇게 할 테니까요. 그때 또 다른 소리가 들려왔어요.
　"지렛대만 있다면 뭐든지 들 수 있지. 이 지구라도 말야."
　그러더니 기다란 막대를 든 할아버지가 창문으로 쓱 들어왔어요. 소피는 기절초풍할 것 같았지만, 가까스로 정신을 가다듬고 똑바로 할아버지를 바라보았어요.

"하, 할아버진 누구세요?"

"나를 누구라고 할까? 너는 원 넓이를 구하는 중이었구나. 그거 구하다가 내가 골로 갈 뻔했지."

"호, 혹시 할아버지가 그 위대한 수학자 아르키메데스?"

"그냥 알키라고 부르렴. 그 편이 좀 젊어 보이잖니."

지렛대 할아버지가 눈을 찡긋하며 말했어요.

"오, 그럴 순 없어요. 제가 이 세상에서 '가장가장가장가장' 백만 제곱만큼 존경하는 분인걸요."

소피는 터질 것 같은 마음을 가까스로 가라앉히면서 그리스어로 인사말이 무엇이었는지 생각해 냈어요.

"야사스! 멜레네 소피 제르맹. 안녕하세요, 저는 소피 제르맹이에요."

소피는 얼른 그리스어로 인사했어요.

"오랜만에 듣는 모국어로군. 언제 그리스어를 배웠나?"

아르키메데스가 명랑하게 물었어요.

"《수학의 역사》를 읽고 아르키메데스 선생님을 알게 되었어요. 수학의 순교자라 불리는 선생님 덕분에 제가 이렇게 수학에 빠져들게 된걸요. 그리고 자연스레 선생님 모국어인 그리스어도 독학으로 공부했어요. 그런데 진짜로 선생님을 만나서 쓰게 될 줄이야!"

아르키메데스를 만나서 흥분한 소피가 단숨에 말했어요.

"허허허. 그냥 알키라고 부르라니까."

그때 다시 쾅쾅쾅 하고 옷장 문을 두드리는 소리가 났어요.

"저 젊은이가 급한가 보군."

아르키메데스가 지렛대로 딸깍 하고 옷장 문을 열었어요.

"어, 이상하다?"

옷장에서 튀어나온 아저씨가 눈이 휘둥그레져서 두리번거렸어요.

"나는 검은 빵을 사러 왔는데……. 여기 있던 빵집은 어디로 사라진 거죠?"

"무슨 빵이요? 여긴 저희 집 제 방인데요?"

소피가 또박또박 말했어요.

"그럴 리가……. 여기는 오토랑케 씨네 빵집이 아닌가요? 분명 저는 날마다 걷는 길에서 날마다 걷는 방향으로 날마다 걷는 길이만큼 왔는데요? 중간에 그만 생각에 잠기긴 했지만……."

"길이와 방향이 같다고 해서 같은 지점이라고 확신할 순 없지. 물밑이거나 땅속이라면 얘기가 달라지거든. 게다가 생각에 잠겼다면 어디로 빠졌는지 자기 자신도 모를걸."

아르키메데스가 지렛대로 허공과 바닥을 가리키며 말했어요.

"맞아요. 그게 바로 제가 풀고 있는 문제인데……. 어르신께서도 위상 기하학을 연구하고 계신가요?"

검은 빵 아저씨가 반갑게 대꾸했어요.

"위상 기하학이 뭔데요?"

소피가 눈을 밝히며 아르키메데스와 빵집을 잘못 찾아온 아저씨 사이의 대화에 관심을 기울였어요.

"위상 기하학이란 위치와 형상에 관한 기하학이란 뜻인데……. 이러면 넘 어렵지? 일단 도긴개긴이라 해 두자."

"도긴개긴이요?"

"달라 봤자 거기서 거기란 말인데……. 그러니까 사소하게 달라도 본질적으로는 같다는 말이란다."

그때 검은 빵 아저씨가 자못 심각한 어투로 말했어요.

"저는 남의 옷차림 따위에 관심을 갖는 편은 아닌데요. 할아버지 옷차림은 확실히 누가 봐도 좀 남다르다고 하겠는데요."

물론 곧이어 이렇게 덧붙였지만요.

"친구들과 이웃 사람들이 항상 제 옷차림이 튄다고 수군대는데, 바로 이런 느낌인 걸까요?"

"푸하하하!"

소피와 아르키메데스는 웃음이 터져 나왔어요. 사돈 남 말한다는 게 바로 이런 느낌인 걸까요?

그 웃음 덕분인지 세 사람은 전혀 어색함을 느끼지 않았어요. 누가 누구를 초대한 것도 아니고, 서로 약속한 것도 아니고, 게다가 서로 처음 보는 사이였지만, 세 사람은 자연스레 대화를 이어 갔어요.

"원 넓이는 샌드위치야."

아르키메데스가 눈을 찡긋하며 말했어요. 그러자 옷장에서 나온 아저씨가 퉁명스레 말했지요.

"저는 샌드위치는 안 먹어요. 오로지 검은 빵만 먹죠."

"검은 빵과 접시는 같아. 도넛과 커피 잔은 같고."

아르키메데스가 다시 말했어요.

"네? 할아버지, 도대체 그게 다 무슨 말씀이세요? 어서 가르쳐 주세요."

소피가 알고 싶어 죽겠다는 눈으로 아르키메데스를 간절히 쳐다봤어요.

"도긴개긴으로 보면 그렇다고……. 이런, 오늘은 시간이 다 됐는걸. 내일 다시 만나자꾸나."

아르키메데스가 먼동이 터오는 창밖을 바라보며 말했어요.

"내일요? 오늘은 저도 모르게 길을 잘못 들어서 여기로 왔는데 어떻게 내일 여기로 다시 오죠?"

검은 빵 아저씨가 고개를 갸우뚱하며 말했어요.

"페렐만, 난 젊은이의 수학력을 믿거든."

"네? 제 이름을 어떻게? 아니, 그런데 수학력이라니 그게 뭔가요?"

검은 빵 아저씨가 물었어요.

"수학에 빠지는 힘이지. 그 힘이라면 내일도 여기로 다시 올 수 있을 거야. 그럼 오늘의 삼각 모임은 이쯤에서 헤어지는 걸로!"

그러더니 아르키메데스는 창문으로 훌쩍 넘어가 버렸어요.

"그럼 나도 온 길로 다시 가야겠군."

검은 빵 아저씨는 옷장 속으로 들어갔어요. 두 사람이 떠나자 소피는 스르르 잠이 들었지요. 삼각 모임에서 나온 얘기들이 너무 재미있었지만, 뜻밖의 손님들을 만나느라 놀라기도 해서 엄청 피곤했거든요. 게다가 그동안 엄마 아빠 몰래 밤에만 수학 공부를 하느라고 오랫동안 밤잠을 못 잤어요. 소피는 물속에 잉크 방울이 풀어지듯이 스르르 단잠에 빠져 들었어요.

"아이구, 허리야, 다리야……. 온 몸이 쑤시네."
아르키메데스가 겨우 몸을 일으키며 소리쳤어요.
"모래 상자에서 주무시니까 그렇죠. 잠시만 기다리세요. 제가 얼른 목욕물을 받을게요. 뜨끈한 물에 몸을 푹 담그시면 좀 나을 거예요."
영리한 하인이 말했어요.
"저렇게 밤이고 낮이고 모래 상자 안에서 살다시피 하는

데다 심지어 주무시기까지 하니 뼈마디가 쑤시지 안 쑤시고 배기남? 수학에 천재면 뭐하나……. 일상에선 순 바보인걸."

하인은 혼자 중얼거리며 욕조 가득 물을 채워 넣었어요.

모래 상자는 야트막한 높이에 가로 세로 1.5미터 남짓한 크기로, 속이 모래로 가득 채워져 있었지요. 아르키메데스는 종일 모래 상자 가장자리에 걸터앉아 모래 위에 온갖 수식을 적었다 지우며 연구했어요. 어젯밤도 그렇게 연구하다 모래 상자 안에 몸을 꼬부린 채 잠이 들어 버렸죠. 아르키메데스는 모래 상자에서 뻣뻣하게 굳은 몸을 살살 펴 가면서 겨우 한 발을 내딛었어요.

"아구 아구 아구 아이구야, 뼈가 부러진 줄. 하지만 아무리 뼈가 쑤신다 해도 문제를 풀지 못한 내 머리만큼 쑤실까? 대체 저 황금 왕관을 부수지 않고 다른 물질이 섞였는지 어떻게 알아낸담? 내가 마술사도 아니고 말이야. 난 수학자일 뿐인데."

겨우 욕조로 발걸음을 옮긴 아르키메데스가 욕조 안으로 발을 들어 올리면서 다시 소리를 질렀어요.

"아야야야야, 다리를 들어 올리기도 힘드네."

"자, 자, 천천히 한 다리 먼저 들어 올리시고. 저에게 기대시고 다른 쪽도 그렇지."

영리한 하인이 옆에서 부축하며 아르키메데스를 도와줬어요.

"어이쿠, 무게 중심을 잃었네!"

겨우 두 발을 욕조 안으로 옮겼다 하는 순간 아르키메데스는 두 발이 미끄러지면서 "콰당!" 하고 넘어졌어요.

"에고, 주인님! 허리 부러지지 않으셨나요?"

하인이 놀라서 물었어요.

"아니 근데 지금 무슨 일이 일어난 거지?"

아르키메데스가 다시 생각에 잠긴 얼굴로 중얼거렸어요.

"그 모래 상자에 억지로 몸을 구겨 넣고 주무시다가 신경통이 도져서 그 뭐냐 목욕 요법으로다 두 발을 겨우 욕조 안에 넣었다 싶었는데 순간 미끄러지면서……."

하인이 주저리주저리 설명하는데 아르키메데스가 불쑥 끼어들었어요.

"아니, 지금 물이 넘쳤잖아!"

"아이고, 꼭 이러신다니까. 제 걱정은 마시고요! 넘친 물은 걸레로 닦으면 돼요. 암튼 주인님 오지랖은 지구를 덮고도 남는다니까."

영리한 하인이 중얼거리며 욕조 밖으로 넘친 물을 닦으러 걸레를 가지러 간 사이, 욕조 안에서 갑자기 아르키메데스 머리가 퐁 하고 솟아올랐어요.

"유레카! 알겠어! 드디어 풀었어!"

아르키메데스는 그대로 욕조에서 튀어나와 발가벗은 몸으로

마을을 내달렸어요.

"유레카! 유레카!"

조용히 달려도 눈길을 끌 판에 소리까지 요란하게 외치면서 왕궁까지 한달음에 내달렸지요. 덕분에 마을 사람들은 보기 드문 구경을 했지요.

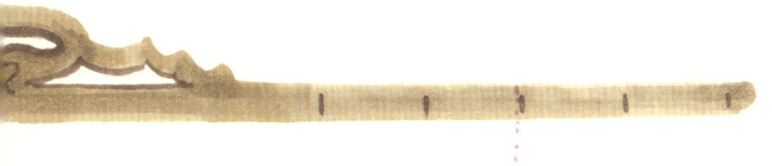

"아니, 도르래 왕자님이 드디어 미쳤나 봐."
"아이고, 숭해라. 저걸 어째!"
"천재라도 저렇게 되는 건 한순간이라니까. 쯔쯔쯔!"
사람들이 킬킬대고 수군거리는 것도 모른 채 아르키메데스는
한달음에 왕에게로 달려가선 문제를 풀었다고 외쳤어요.

왕은 아르키메데스에게 황금 왕관을 부수거나 녹이지 않고 그 안에 불순물이 섞였는지 알아내라고 했거든요. 왕관의 무게는 왕이 준 금 1킬로그램과 똑같았어요. 그래서 왕은 당연히 왕관이 순금으로 만들어졌다고 믿었어요. 그런데 얼마 지나지 않아서 마을에 이런 소문이 퍼졌어요.

"금세공사가 은을 살짝 섞었대. 바보 왕이 그것도 모르고 좋아한다지."

"왕관을 녹여 봐야 알 텐데 그걸 어떻게 잡아?"

"녹여 보기 전엔 알 수 없잖아. 귀신도 모를걸."

이런 상황에서 아르키메데스가 왕관을 녹이지 않고 문제를 푼 거예요. 아르키메데스는 움푹한 그릇에 물을 가득 담고 순금 1킬로그램을 담갔어요. 그때 넘친 물을 받았지요. 그리고 똑같은 그릇에 똑같은 양의 물을 담고 왕관을 담가서 넘친 물도 받아서 양을 쟀어요. 왕관이 순금으로 만들어졌다면 넘친 물의 양이 같아야 해요. 하지만 왕관을 넣었을 때 물이 더 많이 넘쳤어요. 왕관에는 순금이 아니라 다른 물질이 섞인 거예요.

이 일로 아르키메데스는 시라쿠사에서 가장 유명한 사람이 되었어요. 가장 뛰어난 수학자이자 가장 이상한 사람. 발가벗고 뛰는 사람. 그래도 아르키메데스는 상관없었어요. 밤이나 낮이나 모래 상자에서 온갖 도형과 각도와 포물선에 대한 공식과 발견을 적고 지우며 수학에만 몰두했으니까요.

그러던 어느 날 로마군이 시라쿠사에 쳐들어왔어요. 시라쿠사 해변으로 로마 함대가 어마어마하게 밀고 들어 왔지요. 아르키메데스는 이에 맞설 무기를 만들었어요. 그동안 연구한 수학을 이용해 만들어 낸 무기였지요.

바로 포물선과 지렛대를 이용한 투석기였어요. 지렛대 끝에 숟가락처럼 움푹 파인 곳에 돌을 넣고 화살 시위를 당기듯 장치를 당겼다 놓으면 돌이 포물선을 그리며 함대까지 날아갔어요. 이뿐만이 아니었어요.

포물선을 이용한 청동 거울도 전쟁 무기였어요. 포물선 모양의 오목한 거울에 빛을 쏘면 빛이 반사되어 한 지점에서 만나는데, 그렇게 햇빛을 모아 로마 함선에 쏘았어요. 나무로 된 배와 돛에 금방 불이 붙었어요. 모든 빛은 포물선에서 한 점에 모인다는 점을 이용해서 만든 기막힌 무기였지요.

마지막으로 갈고리가 있었어요. 아주 거대한 갈고리를 기중기에 연결해 로마 함선의 뱃머리를 걸어서 들어 올렸어요. 도르래로 작동하는 기중기는 한 사람이 돌려도 충분히 뱃머리를 들어 올렸답니다.

"와, 옛날에는 도르래로 우리를 구해 주시더니, 이젠 도르래로 나라를 구하셨네."

영리한 하인들이 외쳤어요.
"도르래 왕자님 만세!"
아르키메데스가 어린 시절, 바닷가에서 놀다가 노예들이 힘겹게 배를 들어 옮기는 걸 보고 도르래를 만들었거든요.
"어쩜, 도련님은 이런 신통방통한 걸 다 만드셨어요?"
"수학으로 풀리지 않는 문제는 없거든."
아르키메데스가 답했어요.

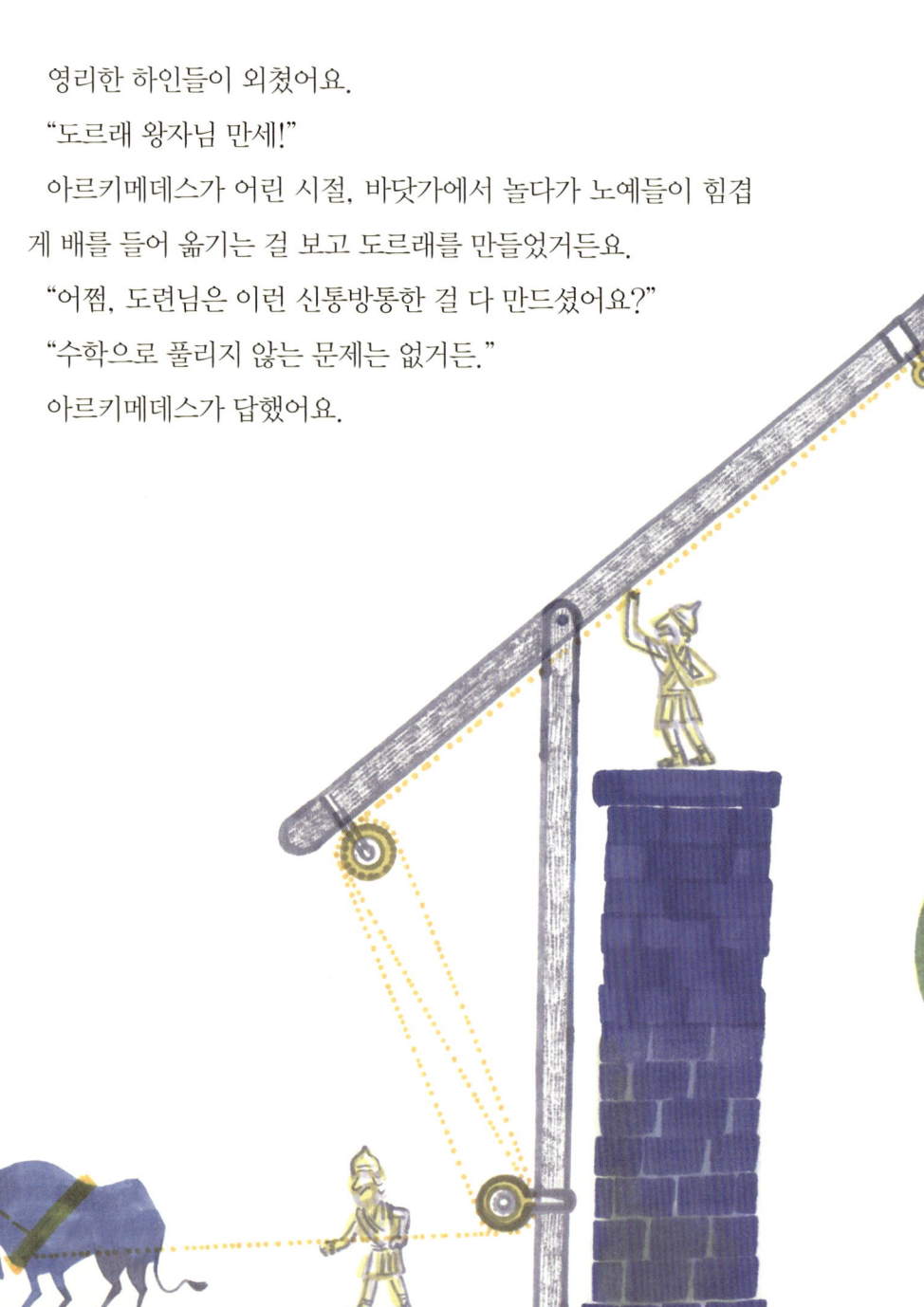

"나는 불공평함이라는 문제를 풀고 싶었어. 난 여기서 하루 종일 내가 하고 싶은 대로 수학 놀이를 하는데, 노예들은 하루 종일 힘겹게 일하잖아. 그래서 내 마음의 불편을 좀 덜고 싶었지. 도르래의 수학이 불공평함을 한 근쯤 덜어 주었네."

 그렇게 도르래로 무거운 배를 바닷가에서 바다 위로 띄우게 하더니, 이번엔 로마 함대를 물리친 거예요.

 "도르래 왕자님 덕분에 전쟁에 이겼어요! 아르키메데스 만세!"

백성들이 축하주를 마시며 승리를 즐겼어요. 하지만 아르키메데스는 별로 기쁘지 않았어요. 그저 다시 모래 상자에 들어가 하던 연구를 계속할 뿐이었지요. 그때 탕탕탕 하고 문을 두드리는 소리가 났어요.

칼과 창으로 무장한 로마군이었어요. 시라쿠사의 배신자가 로마군을 끌어들인 거예요. 시라쿠사는 단번에 로마군에 점령되었지요.

"아르키메데스가 누구냐! 당장 나와라! 마르켈리우스 장군님이 친히 보자고 하신다!"

로마 병사가 쩌렁쩌렁 외쳤어요.

기어가던 바퀴벌레도 움찔할 만큼 무서운 소리였지만 아르키메데스는 꿈적도 안 했어요. 원기둥 안에 꼭 맞는 구를 넣는 문제를 풀고 있었거든요. 약이 오른 로마 병사가 모래 상자 안으로 성큼 한 발을 디뎠어요.

"너냐! 그 유명한 발가벗고 뛰는 수학자가!"

"내 원에서 그 발 좀 치우게나."

대답 대신 아르키메데스가 손으로 로마 병사 발을 쳤어요. 그러자 로마 병사의 발이 공중에 휭 하고 뜨는 바람에 병사 몸이 기우뚱했어요.

로마 병사는 졸개들이 보는 앞에서 힘없는 노인에게 무시를 당하고 넘어질 뻔한 게 너무너무 창피해서 화가 났어요.

병사는 아르키메데스에게 겁을 주려고 칼을 꺼냈는데 그때 하필이면 아르키메데스가 등허리를 곧게 펴면서 말했어요.

"아이구, 허리야……. 이노무 신경통."

그 바람에 병사가 휘두르던 칼날이 아르키메데스의 목에 닿았지요.

진실하고 고귀한 것을 찾아 고독한 삶을 살았던 아르키메데스는 그렇게 목숨을 잃었어요.

"숫자는 몸에 나빠!"

"수학 공부는 여자가 절대 하면 안 된다."

"네 얼굴 좀 보렴. 비쩍 말라서 아무도 쳐다보지 않겠구나. 쯔쯔쯧. 이래서야 어디 잘나가는 총각이 청혼을 하겠니. 처녀로 늙는 것처럼 끔찍한 일은 없단다. 그러니 애야, 지금이라도 수학 따위 집어치우고……."

한없이 잔소리를 늘어놓으려는 엄마의 소매를 아빠가 잡아끌었어요. 엄마랑 아빠가 무서운 얼굴로 소피에게 잘 자라고 인사를 했어요. 그러고는 소피 방의 옷장과 문을 잠갔어요. 하지만 소피는 가슴이 두근거렸어요.

'오늘도 삼각 모임이 열릴까?'

소피는 너무 안 먹어서 말랐다는 핑계로 오늘은 치즈 샌드위치와 검은 빵 한 덩어리 그리고 홍차 한 잔을 받아 놨어요. 물론 엄마는 고개를 좀 갸우뚱했지요.

"흰 빵도 한 쪽만 겨우 먹는 애가 검은 빵까지 달라니. 수학에 빠진 뒤로는 이해할 수 없는 행동만 한다니까."

소피는 빵과 홍차를 가지런히 놓으며 기대에 부풀었어요.

'어제 아르키메데스 할아버지가 남긴 수수께끼 같은 말을 오늘은 자세히 들을 수 있겠지.'

그때 창문이 열리며 시끄러운 소리가 났어요.

"어이구, 저리 가! 난 개라면 질색이라고!"

역시나 창문으로 넘어오는 아르키메데스였어요.

"개를 왜 싫어하세요, 할아버지?"

소피가 물었어요.

"내가 모래 상자에 적어 놓은 정리를 지워 놓은 게 한두 번이 아니거든. 개들에게는 당최 수학 개념이라는 게 없어."

소피는 웃음이 나왔어요. 개들에게까지 수학 개념을 바란 적은 한 번도 없거든요. 소피가 얼른 아르키메데스를 보며 말을 꺼냈어요.

"정말 지렛대를 들고 다니시는 줄 몰랐어요, 도르래 왕자님. '내게 지렛대와 적당한 작용점을 달라. 그러면 지구라도 들어 올리겠다!'라고 한 말이 진심으로 하신 거였어요?"

"오오, 내 어릴 적 별명을 어떻게 알았지?"

"어젯밤 꿈에서 기원전 217년의 시라쿠사에 갔거든요. 거기서 노예들을 위해 도르래를 만들어 준 왕자님을 만났어요. 아르키메데스 할아버지는 역시 저의 영웅이자 왕자님이세요."

"오오, 이런 안 돼! 난 유부남이라고."

그 말에 소피와 아르키메데스는 동시에 푸하하하 웃었지요.

소피는 아르키메데스를 엄숙하고 근엄하며 진지한 수학의 순교자 같은 분으로만 상상했는데 실제로 만나 보니 너무나 쾌활한 익살꾼 같았어요. 그래서 소피는 지렛대에 관한 유명한 아르키메데스의 말이 진심인지 농담인지 궁금해졌어요.

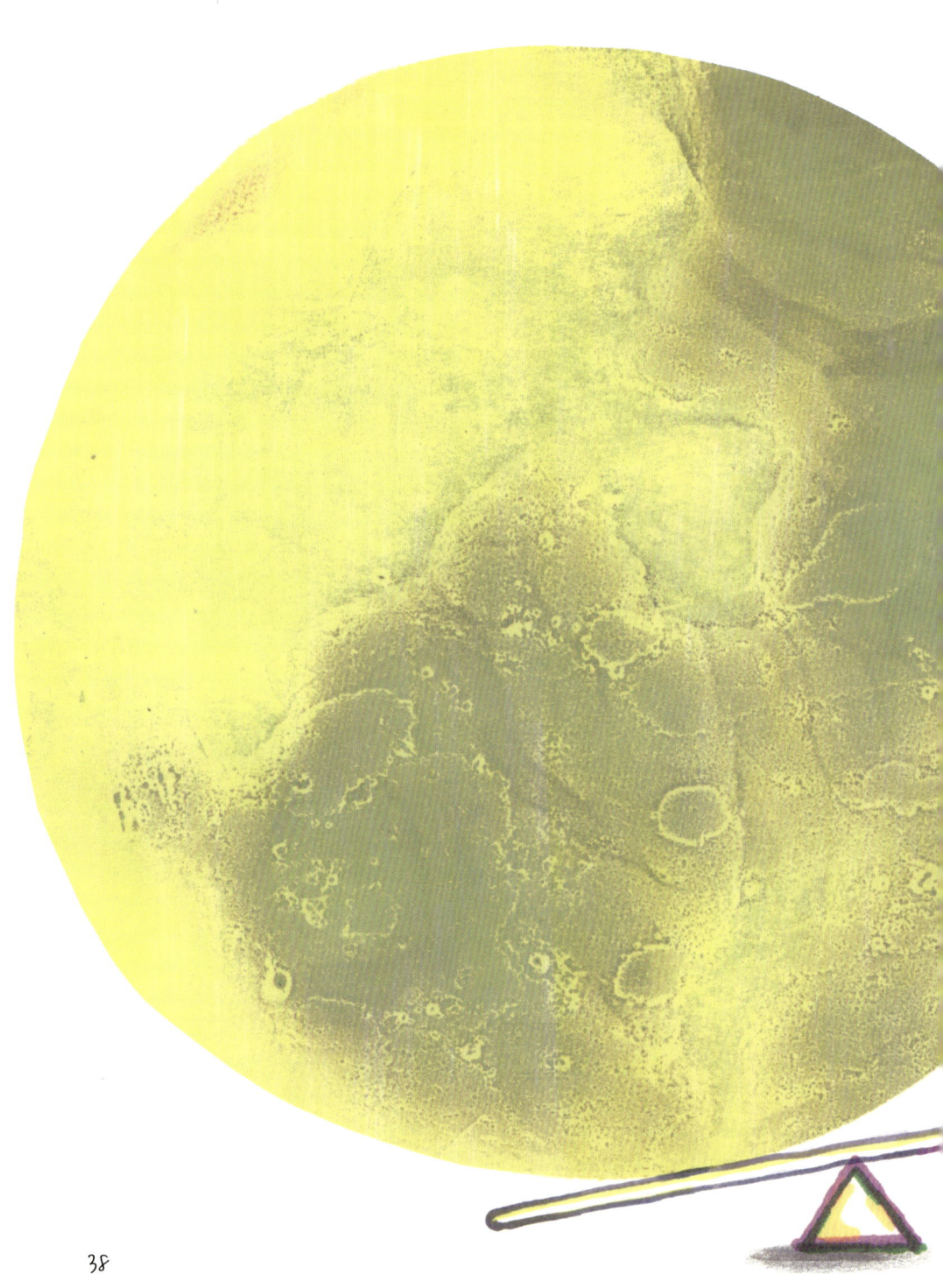

"뭐 살짝 충격 요법을 쓴 거지."
아르키메데스가 지렛대를 빙그르르 돌리며 말했어요.
"충격 요법이요?"
소피가 놀라서 물었어요.
"충격적인 이미지나 개념을 던져 줌으로써 머릿속에 그림을 그리게 하는 거야. 사람들 뇌는 너무 게으르고 먹고 사는 데만 치중돼 있어서 수학이나 이 우주의 문제 따위는 전혀 신경을 안 쓰거든. 그래서 좀 충격적인 그림을 던져 줘야 돼."

"맞아요. 우리 부모님도 저더러 여자가 수학 따위 신경 쓰다 보면 결혼하긴 글러 먹은 거라고 말하세요."

"허, 결혼이 도형의 무게 중심보다 중요하단 소린가! 통탄할 노릇이군. 결혼은 사랑에 눈이 먼 남녀가 서로의 불완전한 세계로 서로를 끌어당기는 일인걸. 하지만 수학은 우리를 완전한 세계로 끌어당기지. 그러니 완전을 바라고 이상을 추구하는 사람이라면 당연히 결혼보다 수학이지!"

"와, 아르키메데스, 아니 알키 할아버지를 만나서 제 숨통이 트이는 것 같아요. 조금 전에도 수학 금지령 덕분에 석판도 석필도 빼앗기고 방에 갇혔거든요."

"아무리 그래도 우리 수학력은 가둘 수 없지."

아르키메데스는 지렛대로 바닥에 깔린 양탄자를 슥 걷어 내더니 나무 널로 된 바닥에 지렛대로 둥그렇게 원 모양을 그렸어요.

"석판이 없으면 어때? 여기 더 넓은 나무 칠판이 있잖아."

"오호, 그런 방법이 있었군요! 전 알키 할아버지가 원 넓이를 구하던 그 오묘한 방법을 머릿속으로 그려 보고 있었어요."

"허, 나를 저세상에서 불러온 건 바로 너의 이 놀라운 수학력이었구나! 나야말로 너처럼 수학적 대화를 나눌 친구를 찾아 헤매다 이탈리아 반도 끄트머리에 있는 섬에서 이집트 알렉산드리아까지 편지를 가장한 논문을 써서 보내곤 했거든. 답장을 받는

데만 족히 서너 달은 걸렸지. 그나마 답장에 쓰인 건 내가 원한 응답이 아니었어. 매번 엇갈렸지. 그게 날 절망시켰어. 이 행성에는 정녕 나와 대화를 나눌 친구가 없단 말인가! 그런데 이렇게 죽은 지 수 세기가 지나서야, 가만 있자……. 내가 기원전 212년에 죽었으니……. 그노무 에너지 과잉 로마 병사 녀석이 공훈을 세우겠다고 내 머리를 댕강 내려친 게 아마 그때쯤일 거야."

아르키메데스가 연도를 가늠하며 말하자 소피가 진저리를 쳤어요. 그러자 아르키메데스가 다시 싱긋 웃으면서 말했지요.

"그때 내 원기둥에서 구체가 댕강 떨어져 나갈 때 어떤 포물선을 그렸을까? 내 목에서 둥근 머리가 댕강 떨어질 때 말이야."

"아, 정말 슬프고도 끔찍한 일이에요. 알키 할아버지 같은 위대한 분을 그렇게 무참하게 살해하다니!"

소피는 마치 그 모습을 바로 눈앞에서 본 것처럼 몸을 부르르 떨었어요.

"괜찮아! 어차피 살아서도 내 수학력을 나눌 친구 하나가 없었으니 외롭기는 마찬가지였거든. 저세상에서 유클리드 영감을 만난 게 좀 나았지. 둘이 도형 이야기를 나누다 보면 한 세기가 후딱 지나갔거든. 그래서 지금이 몇 세기라고?"

"올해는 1789년이에요. 18세기예요."

"호, 그럼 내가 죽은 지 212년하고도 1789년이 더 흘렀군. 어림잡아 2천 년이라고 해 둘까. 수학적 엄밀함을 버리고 친구끼리는 대충 얘기해도 다 알아 먹으니까."

아르키메데스가 익살맞은 표정을 지었어요.

"암튼 2천 년이 후딱 지났어. 쏜살같이……. 그리고 너를 만난 거야. 내 수학력을 속 시원히 나눌 수 있는 영특한 꼬마 아가씨를 말이야."

아르키메데스가 지렛대를 빙글빙글 돌리며 말했어요.

"2천 년 만에 정말 기분이 킹왕짱이야! 으하하하, 그나저나 오늘 젊은이는 지각인가?"

이렇게 아르키메데스가 말하는 순간 쾅쾅쾅 하고 옷장 문을 두드리는 소리가 났어요. 곧이어 옷장 문이 열렸어요.

"이상하다. 오늘도 여기로 왔네요. 난 분명 올바른 방향으로 걸었는데."

검은 빵 아저씨 페렐만이 옷장에서 나오며 낙담한 듯한 목소리로 말했어요.

"자네의 수학력이 뛰어나서 그렇다네. 분명 방향은 맞았겠지만 아마도 땅속이나 물속이나 하늘 위를 걸었을 거야. 하하하!"

아르키메데스가 페렐만을 놀리듯 말했어요.

"저는 늘 같은 시간대에 같은 방향으로 같은 목적을 갖고 걸어요. 저의 규칙이거든요. 땅속이나 물속으로 들어간 적은 없는데

걷다 보면 나도 모르게 생각에 깊이 잠기거든요. 그래도 물에 잠기거나 한 건 아닌데 분명……."

페렐만이 아리송한 표정으로 중얼거렸어요. 둘의 대화를 흥미롭게 들으며 바라보던 소피가 말했어요.

"할아버지 샌드위치 드세요. 그리고 홍차도요."

소피가 얼른 준비한 홍차와 빵을 내놨지요.

"허, 꼬마 숙녀께서 언제 이런 준비를……."

"아저씨를 위해서는 검은 빵을 준비했어요."

소피의 말에 페렐만 얼굴에 잠깐 화색이 돌았다가 빵을 자세히 보고는 시무룩한 목소리로 말했어요.

"난 호두는 안 먹는데."

검은 빵에 박힌 작은 호두들을 멍하니 바라보며 검은 빵 아저씨 페렐만이 중얼거렸어요.

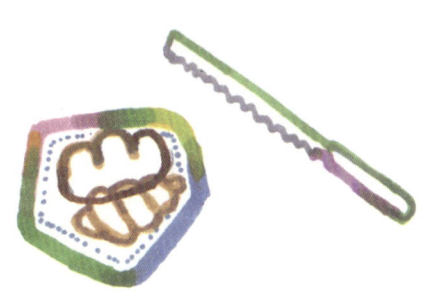

"그런데 알키 할아버지, 궁금한 게 있어요. 왜 원 넓이를 샌드위치라고 하신 거예요?"
소피가 물었어요.
"내가 샌드위치를 워낙 좋아하기 때문이지. 꼭 먹어야 할 영양소와 맛의 합체랄까!"
샌드위치를 우물우물 씹으면서 아르키메데스가 대꾸했어요.
"네?"

소피가 되물었지요.

"그뿐만 아니라. 샌드위치처럼 원을 감싸는 사각형을 그려 보면……."

아르키메데스는 마룻바닥에 원을 그리고 원을 감싸는 사각형을 그렸어요.

"자, 이 원 바깥에 닿는 사각형의 넓이는 어떻게 구할까?"

"그야 원지름에 원지름을 곱하면 돼요."

소피가 얼른 대답했어요.

"옳거니. 그럼 원 안에 꼭 끼는 사각형의 넓이는 원 넓이보다 넓을까?"

"그야 원 넓이보다 작겠지요."

이번에도 소피가 냉큼 말했어요.

"그럼 이번엔?"

그러면서 아르키메데스는 오각형, 육각형, 칠각형, 팔각형을 그리다가 마침내 구십육각형을 그려 냈어요. 아르키메데스가 마룻바닥에 그리는 그림들을 지켜보던 검은 빵 아저씨가 놀란 목소리로 물었어요.

"당신은…… 아니 선생님은 수학의 창조자 아르키메데스?"

검은 빵 아저씨 손에는 빵에서 골라낸 호두들로 가득했지요. 아르키메데스는 대답 대신 눈을 찡긋해 보였어요.

"믿을 수가 없어. 그 위대한 뉴턴도 갈릴레오도 우리 모두 아르키메데스의 양피지에서 나왔잖아요!"

검은 빵 아저씨가 손에 쥔 호두들을 바닥에 떨어뜨리며 중얼거렸어요.

"아니, 2천 년도 전에 내가 쓴 양피지가 아직도 남아 있다고? 썩지도 않고?"

이번에는 아르키메데스가 놀란 표정으로 물었어요.

"그게 그러니까 중세에 어느 교회에서 선생님이 논문을 쓴 양피지 위에 기도문을 적는 바람에 선생님의 양피지가 2천 년간 기도서로 보존되었어요. 그러다가 그 기도서를 훔쳐서 비싼 값에 팔려던 도둑들이 기도서 위에 금박 장식까지 하는 바람에, 하여간 상태가 말도 아니었어요. 새까맣게 그을리고 얼룩지고 벌레에 곰팡이까지 먹어서요. 하지만 선생님이 세우신 과학으로 결국 밝혀냈답니다."

"내가 세운 과학으로?"

아르키메데스가 궁금한 듯 물었어요.

"선생님은 이 우주라는 책이 수학으로 쓰였다는 걸 처음으로 밝혀내셨잖아요. 미분과 확률이라는 수학을 처음으로 생각해 내셨으니까요. 그게 바로 선생님의 〈방법〉이라는 논문에 담긴 내용이었고요."

"호오! 흥미롭군!"

"게다가 양피지에 적힌 글을 읽게 한 영상 장치가 바로 미분과 확률로 일궈 낸 첨단 과학의 산물이니까요. 그러니까 선생님께선 2천 년 전에 수수께끼 같은 논문을 쓰시고선 그 수수께끼를 푸는 열쇠 또한 주신 거죠."

검은 빵 아저씨는 뭐에 홀린 듯 안 좋아한다던 호두까지 우적우적 씹으며 말했어요. 그러다 갑자기 생각난 듯 물었지요.

"가만, 그럼 넌 누구니? 여긴 상트페테르부르크가 아니야? 지금은 몇 년도인 거지?"

검은 빵을 들고 아저씨가 질문을 쏟아 냈어요.

"여기는 프랑스 파리이고 지금이 프랑스 대혁명이 한창인 18세기라면 믿겠나?"

아르키메데스가 빙긋 웃으며 알려 줬어요.

하지만 검은 빵 아저씨는 아무것도 모르겠다는 표정이었지요.

"한밤중에 잠긴 방에 갇혀 이불을 돌돌 만 채 수학 문제를 푸는 이 꼬마 숙녀가 누구인지 짐작이 안 가는가, 페렐만?"

그제야 페렐만은 자기 앞에 있는 소녀가 누구인지 알아차렸어요. 페렐만은 자그마치 기원전 3세기에 살았던 아르키메데스를 만난 것도 기절초풍하겠는데, 이 꼬마 숙녀가 수학의 위대한 역사에 강렬한 흔적을 남긴 여성 수학자 소피 제르맹이라는 사실을 도무지 믿을 수가 없었어요.

왜냐하면 페렐만은 어릴 때부터 소피 제르맹을 '정말정말정말'의 백만 제곱만큼 만나고 싶었거든요. 학교 친구들이 어떤 예쁜 여학생에게 한눈에 반했다고 난리법석을 피워도 페렐만은 전혀 관심이 없었어요. 그 어떤 미인도 그 어떤 상냥한 여학생도 페렐만의 주의를 끌지 못했지요.

페렐만은 이미 어릴 때부터 인류 역사상 위대한 여성 수학자이자, 프랑스 혁명 당시 방안에 갇혀 수학 금지령을 어기며 몰래 페르마의 마지막 정리를 풀어낸 이 위대한 여성 수학자에게 마음을 빼앗긴 터였거든요.

그런데 하필이면 날마다 입어서 소매가 나달나달하게 낡은 털 외투를 입고서, 멀리서 보면 커다란 나무와 구분이 안 가게 녹색 방울 달린 털모자를 쓰고 검은 빵에 박힌 호두를 열심히 골라내고 있는 이 순간에 평생 사모하던 소피 제르맹을 만나다니요! 그것도 한참 어린 아이의 모습으로!

페렐만은 갑자기 얼굴이 빨개져서는 표정이 딱딱하게 굳어졌어요. 그러더니 후다닥 옷장 문을 열고 안으로 들어가 버렸어요.

"전 바빠서 이만."

"어, 검은 빵 아저씨 어디 가세요?"

소피가 옷장 문을 다시 열려고 했지만 문은 굳게 닫힌 채 열리지 않았어요. 옷장 안에서 페렐만이 힘껏 잡아당기고 있었거든요.

"괜찮다. 페렐만은 다시 올 거야. 지금은 너무 당황해서 그래."
"뭐가요?"

소피가 의아해서 물었어요.

"페렐만은 결혼도 안 하면서 소피 제르맹을 사모해 왔거든."

"소피 제르맹……. 저를요?"

"미리 가르쳐 주자면, 소피 너에게도 결혼은 없단다. 너도 나처럼 그리고 저 검은 빵의 페렐만처럼 수학의 세계로 뽑혀 왔거든. 우리 수학의 수도승들은 미리 결심한 건 아니지만, 저절로 그렇게 된단다. 수학과 결혼하는 거지. 어차피 결혼이란 불합리한 헌신이니까. 둘 중 하나라도 무게 중심을 잃는 순간 와르르 무너지는 불완전한 도형 같은……. 아까도 말했지만 인간은 불완전한 세계로 서로를 끌어당기지만……."

소피가 얼른 말을 이었어요.

"수학은 완전한 세계로 우리를 끌어당기죠."

"오, 너처럼 영특한 아이와 수학을 나누는 기쁨을 어디에 비할고! 하지만 오늘은 이쯤에서 헤어져야겠군."

"왜요? 한창 재미있는데."

소피가 울상이 되어 물었어요.

"삼각형에 세 꼭짓점이 필요하듯이, 삼각 모임에도 한 명이 빠지면 말짱 도루묵이거든. 너무 슬퍼하지 말렴. 우리는 또다시 만나게 되어 있어."

아르키메데스는 소피에게 인사를 하고는 지렛대를 들고 성큼성큼 창밖으로 나갔어요. 아르키메데스가 창문으로 나가는 사이에 소피는 또다시 스르르 잠이 들었어요. 졸음에 눈이 감겼지만 소피는 아르키메데스가 바닥에 그려 놓은 그림들을 봤어요. 샌드위치 빵처럼 원을 감싸고 있는 구십육각형이 또렷이 그려져 있었지요.

소피는 아침에 일어나자마자 석판에 아르키메데스의 원 넓이 정리를 옮겨 놓아야지 생각하면서 깊은 잠에 빠졌어요.

"아니, 이게 다 뭐야?"

소피는 아침에 방문을 열고 들어온 엄마의 목소리를 듣고 잠에서 깼어요.

"그렇게 수학 공부를 하지 말라고, 몸에 해롭다고 말했는데도 또 밤새도록 수학 공부를 한 거야?"

엄마가 노발대발했어요. 엄마 손에는 지난밤 아르키메데스가 그려 놓은 원 넓이 정리가 흔들리고 있었어요. 엄마는 정말 화가 난 듯 그 석판을 허공에 마구 흔들면서 외쳤어요.

"소피, 이건 다 너를 위해서야. 요즘 세상에 여자가 수학 공부를 하는 건 정말 쓸데없는 일이라고. 네 언니나 동생처럼 바느질이나 그림 같은 걸 그리면서 얌전한 신부가 되면 얼마나 좋으니! 그럼 엄마 아빠가 매일 밤마다 이 고생할 필요도 없고. 네 방문을 잠그고 난로에서 불을 빼 가는 가슴 아픈 일을 할 필요도 없잖니. 이런 쓸데없는 그림 말고 좀 우아한 그림을 그리란 말이야!"

엄마는 석판을 책상 위에 아무렇게나 내던졌어요. 그러고는 문을 쾅 닫고 나가버렸어요.

소피는 엄마가 문을 쾅 닫고 나가자마자 얼른 석판이 무사한지 살펴보았어요.

"후유, 하마터면 알키 할아버지의 소중한 정리가 깨질 뻔했어. 그런데 정말 신기하네. 언제 이 원 넓이 정리가 석판에 적힌 거지……?"

"아, 얼마나 우아한 그림인지 몰라. 세상에서 가장 우아한 원과 구십육각형! 자도 컴퍼스도 없이 이걸 그려 낼 분은 이 우주에 단 한 사람, 바로 아르키메데스 선생님뿐이야."

소피는 그 석판을 보물처럼 소중하게 세워 놓고 펜으로 종이에 석판의 그림을 베껴 그리기 시작했어요.

"그러니까 원 넓이를 직접 구할 수 없으니 원에 내접하는 다각형과 외접하는 다각형을 그려서 그 넓이를 구하면 원 넓이의 범위를 알 수 있다는 거구나. 정말 놀라운 발상이야."

소피는 생각하면 할수록 아르키메데스가 놀라웠어요. 그런데 고민이 생겼어요. 왜냐하면 오늘 밤부터 엄마가 소피에게 엄마와 같이 자라고 했거든요. 어떡하죠?

그러면 진짜로 수학 공부를 할 수 없는데. 소피는 너무나 걱정이 돼서 방안을 맴맴 스물두 바퀴쯤 돌다가 옳거니, 좋은 수가 떠올랐어요.

"소피, 소피! 어디 있니, 소피!"
"얘가 대체 어디 간 거지?"
밤에 소피를 재우러 온 엄마가 침대도 들춰 보고 옷장 문도 열어 보고 창문 밖도 내다보았지만 어디에도 소피는 보이지 않았지요.
"대체 얘가 어디로 간 거지?"
엄마는 온 집안을 찾아보았지만 소피는 보이지 않았어요. 그제야 엄마는 덜컥 겁이 났어요.

"소피, 어디 간 거니? 수학 공부가 그렇게 좋으면 해도 된다. 어서 돌아오기만 하렴."

엄마는 눈물을 흘리면서 소피를 찾으러 나갔어요.

딸깍 하는 소리와 함께 옷장 문이 열리고 동굴 같은 목소리가 들렸어요.

"어서 나오렴. 소피."

"어, 알키 할아버지, 제가 여기 있는지 어떻게 아셨어요?"

옷장 속에 숨어서 온몸을 덮고 있던 외투를 치우며 소피가 말했어요.

"어린 소녀가 숨기에는 옷장만 한 곳이 없지 않겠니. 얼굴과 손발만 가리면 감쪽같이 옷처럼 보일 테고 하하하하! 그나저나 올 때가 됐는데."

"누구요? 검은 빵 아저씨요?"

소피가 반가운 듯 말했어요.

"그래, 검은 빵을 먹는 천재 수학자 페렐만 말이다."

"그분이 천재 수학자예요?"

"그렇고말고. 외투랑 털모자 때문에 천재라기보다 곰처럼 보이긴 하지만."

바로 그때였어요.

"휴, 바로 여기로 왔군요. 오늘은 혹시나 빵집으로 제대로 갈까 봐 걱정했는데."

옷장에서 외투에 묻은 눈을 털며 페렐만이 나타났어요. 그런데 뭔가 달라진 모습이었어요.

"오, 수염을 깎았군, 자네."

"주위 사람들이 늘 수염 때문에 백 살은 더 먹어 보인다고 해서요. 그동안은 그러거나 말거나 상관하지 않았는데……."

"그런데 이젠 상관할 일이 생긴 건가?"

수염을 깎은 검은 빵 아저씨 얼굴이 빨개졌어요.

"그런데 도대체 제가 어떻게 여기로 오게 되는 거죠? 시대도 다르고 위치도 다른데……."

"자네가 사는 시간과 공간이 다르다는 말이지?"

"네."

"맞아요, 알키 할아버지. 저도 어떻게 다른 시대에 사는 두 분을 만나게 된 건지 너무 궁금해요."

소피도 궁금하다는 듯 얼른 말했어요. 아르키메데스는 지렛대로 휘어진 선을 허공에 그리며 말했어요.

"그건 시간과 공간이 구부러져 있기 때문이란다."

"시간과 공간이 구부러져요? 그게 무슨 뜻이죠?"

"자, 전체 시공간을 이 빵 한 덩어리라고 하면."

아르키메데스가 페렐만 손에 들려 있던 빵 덩어리를 휙 빼앗아 손에 쥐고 말했어요.

"우리는 똑바로 얇게 저민 빵 한 조각 속에서만 사는 거야. 그래서 같은 시간대의 사람들만 만나. 그런데 이 빵을 똑바로 자르지 않고 사선으로 자른다면 어떻게 될까? 서로 다른 빵 조각들이 만나겠지? 그래서 다른 시간대의 사람들이 만날 수 있다는 거야."

"어렴풋이 그럴 거라는 생각은 했어요. 선생님은 지금 아인슈타인의 일반 상대성 이론을 말씀하시는 건가요? 그렇다면 우주 기하학이 우리를 만나게 한 거군요. 비록 아직까지 밝혀지진 않았지만, 아인슈타인이 옳았어요."

"아인슈타인이 누구예요? 그가 뭐라고 했는데요?"

소피는 또다시 궁금해 죽겠다는 표정을 지었어요.

"우주는 결국 기하학의 발현이라고 했거든. 그러니까……. 모든 건 별과 성단의 생김새와 각도, 위치와 무게 그로 인한 공간의 휘어짐 그게 우주를 운동시킨다는 거지."

소피가 빤히 쳐다볼수록 페렐만은 버벅거렸어요.

"내 이럴 줄 알고 유클리드 영감을 모시고 오고 싶었는데 그만 한 끗 차이로 헤어졌지 뭐야. 참 시공간이란 묘한 거야."

"쉽게 말해서……."

페렐만이 갑자기 바닥의 카펫을 죽 빼 들어 올렸어요.

"우주가 이런 직물이라고 생각해 봐요. 이 우주 직물 위에 별과 행성들이 놓여 있는 거죠. 그럼 별이 놓인 곳은 그 무게로 직물이 움푹 들어가겠죠. 그래서 행성은 그 움푹 들어간 자리를 따라 빙글빙글 별 주위를 도는 거예요. 따라서 중력이란 울룩불룩한 우주 기하학이 만들어 내는 현상이고, 시공간은 하나로 얽혀 있어요. 그렇게 신묘하게 구부러진 우주 기하학이 우리를 한데로 모아 놓은 거예요."

페렐만이 다시 떠듬떠듬 말했어요.

"그렇지. 피자의 끄트머리에 있던 올리브 세 개가 접힌 피자 안에서 하나로 모이듯이. 우리는 시간과 공간이 아무것도 없는 텅 빈 거라고 생각하지만 실제는 그렇지 않아. 우리 몸이나 이 눈에 보이는 물질처럼 시간도 공간도 무언가로 가득 차 있다고. 간단히 말하면 전자기로 가득 차 있지. 그래서 시공간은 평평하다가 움푹 들어가기도 하고 구부러지기도 하고 확 늘어나기도 하지."

"정말요? 그런 얘긴 처음 들어요."
소피가 눈을 반짝이며 물었어요.
"자, 예를 하나 들어 볼까? 이차원 세계에 사는 동전이 있다고 치자. 그런데 거기서는 아무도 그게 동전인지 몰라. 그저 앞면

과 뒷면이라고만 알지. 동전의 앞과 뒤라는 걸 알려면 아주 뛰어난 존재가 나타나서 알려 줘야 한단다."

"뉴턴이나 아인슈타인처럼요?"

"뭐 이름이야 어찌 됐든. 어느 날 그 뛰어난 존재가 나타나 앞면을 확 뒤집어 보이는 거지. '여러분, 뒤집었더니 뒷면이 나왔습니다. 그러므로 앞면과 뒷면은 하나였던 겁니다.' 이차원 세계의 주민들은 난리가 나지. 믿을 수 없다고 소리치고, 그런 말도 안 되는 소리가 어디 있냐고 화내고."

"거기서 필요한 건 새로운 개념이죠."

검은 빵 아저씨가 말을 이어갔어요.

"동전이라는 새로운 개념, 뒤집는다는 개념."

"맞아. 우리는 우리 감각이 보고 느끼는 걸 전부라고 여기지만, 그건 이차원 세계에서 앞면이나 뒷면만 보고 그 둘이 다른 거라고 생각하는 것과 같아."

"우리 인식의 한계를 말씀하시는 거군요."

페렐만이 말했어요.

"그래서 수학이 재밌는 거지. 그 인식의 한계를 깨뜨려 주니까. 무한히 계속."

"물리학도 그래요."

"맞아. 그게 바로 우리 삼각 모임의 공통점이야."

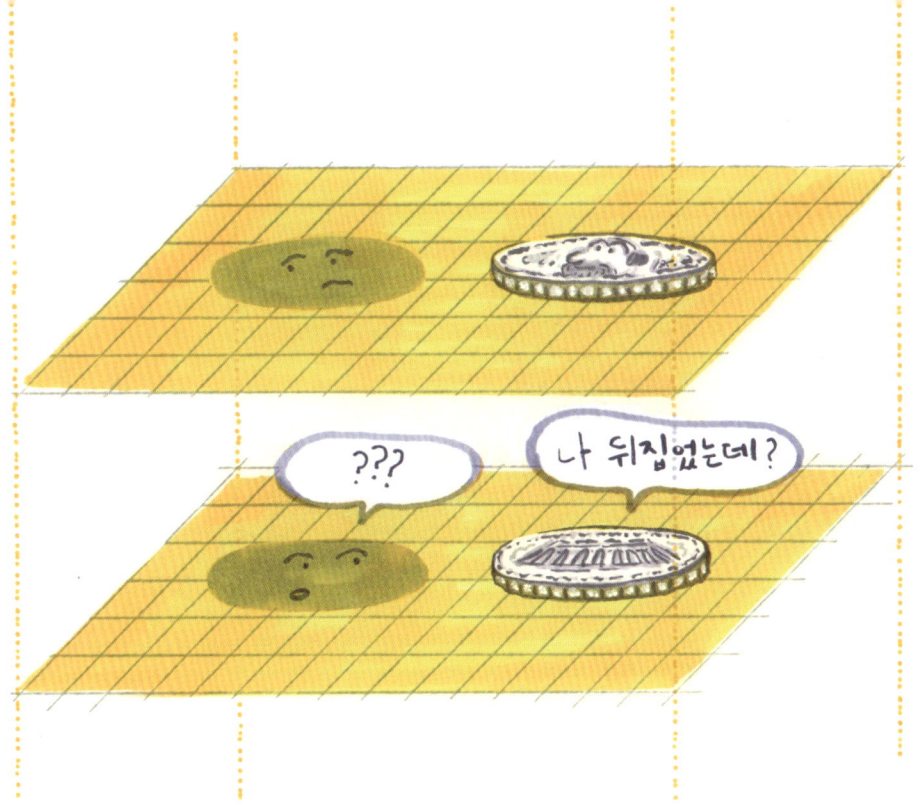

"우리에게 공통점이 있나요? 생김새도 성별도 시대도 계급도 다 다른데?"

페렐만이 갸우뚱했어요.

"수학뿐만 아니라 물리학에도 관심이 엄청 많다는 거야. 자네 그렇지 않나?"

"네. 그걸 어떻게 아셨죠?"

"모를 리가 있나. 수학과 과학에 빠진 사람만이 그렇게 곰과 구별되지 않게 입고 다니거든. 흠, 오늘은 수염을 깎아서 약간 구분이 되긴 하지만. 그리고 생각에 잠기면 자기도 모르게 토끼 굴에 빠지곤 하지."

"토끼 굴이요?"

"저 세상의 차원으로 순간 이동한다고 해 두지. 흐흐."

아르키메데스가 빙긋 웃으며 말했어요.

"알키 할아버지, 저도 이 물질 세계의 현상들이 늘 궁금하고 알고 싶어요. 그게 바로 물리학에 대한 관심인가요?"

"그렇지. 이를 테면 저 빗방울은 왜 창문에 방울방울 부딪쳐서 또르르 흘러내릴까? 부딪칠 땐 방울방울인데 흘러내릴 땐 왜 시냇물처럼 합쳐질까? 이 창문에서 저 땅바닥으로 떨어질 때 속도와 충격은 어떤 관계가 있을까? 내가 지금 밤마다 그걸 시험 중이거든. 흐흐. 이런 물리 현상을 수학으로 나타내려는 열망, 그게 우리 셋의 공통점이야. 가끔 그래서 영광스런 상처를 입기도 하지."

아르키메데스는 소피에게 다친 무릎과 팔꿈치를 보여 주었어요. 그때 엄마의 울먹이는 목소리가 들려왔어요.

"소피, 소피, 어디 간 거니? 제발 돌아오기만 하렴. 네가 원하는 수학 공부를 얼마든지 하게 해 주마."

"엄마예요. 어떡하죠?"

"어떡하긴? 오늘 삼각 모임은 여기서 땡 치는 거지. 자, 내일 또 보자. 내일부터는 홍차에 검은 빵을 맘껏 먹을 수 있겠는걸."

아르키메데스가 창문으로 슬쩍 넘어가자 페렐만이 머뭇머뭇 옷장 문을 열었어요. 툭, 그의 손에서 무언가 떨어졌어요. 그때 방문이 활짝 열렸지요.

"오, 소피 너 여기 있었구나. 우리가 얼마나 찾았는지 아니?"

"머리가 아파서 산책을 좀 나갔다 왔어요. 왜요, 엄마?"

"오, 우리가 잘못했다. 그동안 너에게 너무한 거 같아. 이제부터 난로도 놔두고 옷장 문도 잠그지 않고, 양초도 빼앗아 가지 않을게. 네가 하고 싶은 수학인지 물리학인지 실컷 하렴. 다만 말없이 집을 나가지만 말아다오."

엄마가 소피를 껴안으며 말했어요.

소피가 나지막이 말했지요.

"엄마 부탁이 하나 더 있어요."

"그래, 뭐든 말만 하렴?"

"밤새도록 공부를 하니까 배가 고파요. 홍차 두 잔과 샌드위치 하나 검은 빵 하나만 주실래요?"

"오, 그게 뭐가 어렵다고? 그렇잖아도 비쩍 마른 너를 볼 때마다 내 속이 얼마나 상했는데. 삼단 케이크라도 갖다 주마."

엄마가 난로를 다시 들여놓으려고 나가다가 바닥에 떨어진 꽃을 발견했어요.

"어머나, 정말 예쁜 수선화로구나. 산책 갔다가 따 왔니? 참 예쁘네."

그러면서 혼잣말로 중얼거렸어요.

"우리 집 뜰에는 흰 수선화가 없는데, 꽤 멀리까지 나갔다 왔나 봐. 어린애가 혼자서."

엄마는 하얀 수선화 꽃송이에 맺혀 있는 물방울이 밤이슬인 줄 알았겠지만, 그건 상트페테르부르크에 날리던 눈송이였어요.

"흠, 역시 내 짐작이 맞았군. 오늘부터는 만찬이 준비될 줄 알았어. 역시 자식 이기는 부모는 없다니까."
 아르키메데스가 책상에 놓은 홍차와 샌드위치, 검은 빵을 보며 말했어요.
 "똑똑똑."
 옷장 문을 조심스레 두드리는 소리가 났어요.
 "호, 이번엔 좀 더 말끔해진 거 같은데?"

옷장 문을 열고 주춤주춤 들어오는 페렐만을 바라보며 아르키메데스가 중얼거렸어요.

방 안을 두리번거리던 페렐만의 두 눈이 반짝 커지는 듯하더니 그의 얼굴에 번뜩 환한 표정이 스쳐 지나갔어요. 페렐만이 바라보는 책상 위에는 투명한 화병에 수선화가 꽂혀 있었거든요.

"흠. 이 집 뜰에는 흰 수선화가 없던데."

아르키메데스가 중얼거렸어요.

"어딘가 추운 나라의 향기가 나는걸. 페렐만, 자네 나라에선 사랑하는 사람에게 꽃을 주는 관습이 있다지?"

"네?"

페렐만 얼굴이 더욱 빨개졌어요. 그러더니 주머니에서 주섬주섬 무언가 꺼냈지요.

"이게 뭔가?"

아르키메데스가 코를 킁킁거리며 물었지요.

"버섯 파이를 좀 갖고 왔어요."

페렐만이 수줍게 대답했어요.

"어머, 아저씨가 직접 만드셨나요?"

소피가 흥분해서 물었어요.

"전 버섯을 따기만 하고 만든 건 어머니가."

페렐만 얼굴이 더욱더 빨개져서 기어들어 가는 목소리로 말했어요.

"앗, 그럼 야생 버섯을 따러 다닌다는 소문이 사실이었군!"

아르키메데스가 무릎을 치며 말했어요.

"버섯 따는 게 뭐 어때서요? 왜 사람들은 그런 걸 그렇게 궁금해 하죠?"

페렐만이 발끈하며 되물었어요. 그러자 아르키메데스가 빙긋이 웃으며 대답했죠.

"지독하게 가난하다는 증거거든. 먹을 걸 살 수 없어서 숲으로 야생 버섯을 따러 다닌다는 건 먹을 것도 돈도 없는 극빈층의 이미지지. 음, 맛은 괜찮은데? 설마 독버섯은 아니겠지?"

아르키메데스가 기분을 바꿔 주려고 농담처럼 말했어요.

"왜 요즘엔 학자가 가난한 걸 창피하게 여기죠?"

어느새 페렐만이 화가 잔뜩 난 얼굴로 물었어요. 그러잖아도 새된 목소리가 더욱더 높아져 있었지요.

"자네 그것도 모르나? 현대의 최대 수치는 가난이야. 거짓? 교만? 도둑질? 사기? 그까짓 것들은 가난에 비하면 아무것도 아니지."

아르키메데스가 냉소적으로 내뱉었어요.

"아니에요, 인간의 최대 수치는 무지예요. 자신이 무지하다는 걸 모르는 무지."

페렐만이 무슨 중요한 법을 선포하듯 진지하게 외치자 소피가 천진한 얼굴로 물었어요.
"가난이란 어떤 거죠?"
"더 싼 것을 찾아 무한정 시간을 쓰는 거지. 공짜를 찾아 헤매는."

페렐만이 중얼거렸어요. 그러자 소피가 갸웃거리며 말했어요.
"나도 공짜를 찾아 헤매는걸요."
"부유한 집 소녀가 무슨 공짜를 찾아 헤매나요?"
페렐만이 화들짝 놀라서 물었어요.
"공짜 아이디어를 찾아 헤매며 숲을 한도 끝도 없이 걸어요. 문제가 풀리는 건 한순간이고 그건 돈으로도 살 수 없거든요. 특히 비 온 뒤에 산책하면 공짜 아이디어가 더 잘 얻어 걸려요."
"나도 그래! 그리고 비 온 뒤엔 버섯이 더 잘 눈에 띄거든요."
소피의 말이 끝나기 무섭게 페렐만이 이어 말했어요.
"버섯 따는 게 뭐 어때서요? 동물의 시체를 돈 주고 사 먹는 것보다 훨씬 고결한 일이죠."
소피의 말에 페렐만의 얼굴에서 불만과 화가 밀물처럼 빠져나가고 행복한 물결이 스며들었어요.

"아르키메데스 선생님, 저는 지금 이 문제를 고민 중이에요."
페렐만이 주머니에서 노란 구슬과 황금빛 도넛을 꺼내며 말했어요.
"우주를 이루는 블록이군."
아르키메데스가 대뜸 말했어요.
"그런 게 있어요? 어서 설명해 주세요."
소피가 눈을 반짝거리며 매달렸어요.

"어디 홍차 맛부터 볼까?"

아르키메데스는 찻숟갈로 각설탕을 하나 집어 찻잔에 넣고 빙글빙글 저었어요. 차 향기를 천천히 들이마신 다음 차를 한 모금 들이켰지요.

"차는 역시 영국산이야."

"어떻게 아셨어요? 저희 프랑스에서는 모든 차를 영국에서 수입하고 있어요."

"올리브는 그리스, 포도주는 프랑스, 차는 영국이지."

그리고 이어서 덧붙였어요.

"꽃은 추운 겨울에 피는 꽃."

페렐만의 얼굴이 발그레해지는 걸 보자 아르키메데스는 얼른 말을 돌렸어요.

"우주를 이루는 블록은 어려운 말로 위상 기하학이라고 하는데, 위상이란 위치와 형상이라는 뜻이야."

"그래서요?"

소피가 아르키메데스를 향해 몸을 기울였어요.

"유클리드의 기하학은 평평한 면에 그린 도형들을 다루는 거지. 삼각형, 사각형 모두 휘거나 구부러지지 않은 직선으로 이뤄졌어. 그런데 만약 이 둥근 지구 위에 삼각형을 그린다면 어떨까?"

"음, 지구가 둥그니까 그 삼각형도 구부러지겠네요?"

"그렇지. 그렇게 우주의 모양을 상상해 보는 거야. 자연에는 직선이 없다고 하잖아. 모든 게 구불구불 휘어지고 구부러져 있어. 그렇다면 우주를 이루는 도형을 상상해 본다면 어떨까? 직선으로 이루어진 삼각형, 사각형, 오각형, 구십각형 이렇게 세세하게 나누는 게 별 소용이 없어지거든. 삼각형이나 오각형이나 구십각형이나 꽉 막혀 있기는 마찬가지, 도긴개긴이란 거지."

"아, 그때 말씀하신 도긴개긴."

소피가 얼른 고개를 끄덕였어요.

"광대한 우주의 차원에서 보자면 삼각형이나 구십각형이나 별반 다를 게 없이 그게 그거라는 소리지. 더 크게 보자는 거야. 자, 그런 눈으로 이제 이 모양들을 살펴볼까? 소피, 이 모양들을 같은 종류로 묶어 본다면 어떻게 묶을 수 있겠니?"

"네? 모양이 같은 종류로요?"

소피가 책상 위에 놓인 물건들을 바라보며 되물었어요.

"내가 보기엔 말이다. 이 찻숟갈, 접시, 각설탕, 설탕 종지, 검은 빵은 모두 노란 구슬과 같은 모양이고, 이 찻잔만이 도넛과 같은 모양이다. 왜 그럴까?"

가만히 바라보던 소피가 대답했어요.

"음…… 구멍이요? 찻잔과 도넛엔 구멍이 있어요."

"소피! 넌 역시 천재 수학자야. 단번에 그걸 알아맞히다니. 그럼 이것들이 같은 모양이라는 걸 어떻게 증명할 수 있을까?"

"바로 그게 지금 저의 문제예요. 이상하게도 고차원에서는 증명이 되는데 3차원에만 오면 딱 막혀 버려요."

페렐만이 찌푸린 얼굴로 말했어요.

"지금 필요한 게 뭐냐면……."

아르키메데스가 뜸을 들였어요.

"새로운 관점이야. 다른 측면에서 접근하는 거지."

"그러니까 그걸 어떻게 하라는 거죠?"

"수학만 고집할 필요는 없어. 자네는 물리학도 곧잘 하지 않았나? 자네의 물리학적 관심을 빌려 와 봐."

"아……. 그러니까……."

"수학과 물리학은 쌍둥이와 같아. 수학이 물리학의 현상을 증명해 주고, 물리학이 수학의 생김새를 확인시켜 주지. 둘을 데려와서 같이 놀라고. 어차피 자넨 날마다 그러잖아."

갑자기 페렐만이 두 손으로 무릎을 비비면서 몸을 앞뒤로 흔들었어요. 그러면서 이상한 콧노래를 흥얼거렸는데, 가만히 주의를 기울여 들어 보면 그건 베토벤의 합창 교향곡 같았어요. 그러기를 한 5분 아니 50분쯤 지났을까요? 갑자기 페렐만의 얼굴이 햇살처럼 환하게 빛나면서 콧노래가 뚝 그쳤어요.

"존경하는 아르키메데스 선생님 그리고 친애하는 소피 양. 저는 바빠서 이만."

페렐만은 인사를 하고 서둘러 옷장 속으로 들어가 버렸어요.

"이제 저 친구 덕분에 세상이 또 한 번 떠들썩해지겠군. 그게 저 친구를 더욱더 구석으로 몰아넣겠지만."

아르키메데스가 남은 홍차를 홀짝거리며 중얼거렸어요. 그 옆에서 소피는 형태를 구분하는 놀이에 푹 빠져들었지요.

"알키 할아버지, 이 모양은 두 가지에 속하지 않는데요?"

소피가 무언가를 들고 흔들었어요.

"흠. 세상의 모든 모양을 두 가지로만 나눌 순 없지 않겠니? 필요하다면 범주를 하나 더 만들렴."

"맞다! 그렇게 하면 되겠네요."

소피는 아르키메데스가 돌아가고 나서도 방 안과 세상의 온갖 사물의 형태를 몇 가지로 나눌 수 있을지 생각하느라 밤을 꼴딱 새웠답니다.

"아가야, 또 버섯을 따 왔구나."
페렐만이 주머니에서 주섬주섬 버섯을 꺼내 식탁 위에 쏟아 놓자 엄마가 말했어요.
"어머니가 만들어 주는 버섯 파이는 언제 먹어도 맛있어요."
"아름다운 수선화까지. 넌 참 마음씨가 고운 애야."
페렐만이 아무 말도 않자 엄마가 다시 입을 열었어요.
"또 방송국 놈들이 찾아 왔었단다. 물론 내 기지로 따돌렸지.

닫힌 문에 대고 계속 떠들어 대더구나. 인터뷰에 응해 주시기만 하면 출연료로 오 만 루블을 당장 드리겠다고. 흥, 우리가 그깟 오 만 루블에 넘어갈 터냐. 백만 달러를 거절한 마당에!"

엄마의 기세등등한 말에 페렐만은 아무 대꾸도 하지 않았어요.

"미안하구나. 미안한 마음에 내가 자꾸 떠들게 돼."

"뭐가요?"

페렐만이 어리둥절한 표정으로 물었지요.

"나 때문에 미국에서 돌아온 거잖니. 나만 아니었으면 미국에서 그 좋은 대학에서 교수로 지내면서 편히 연구했을 텐데……. 이 늙은 어미 때문에……."

페렐만이 잠시 눈을 찡그리더니 천천히 입을 열었어요. 최대한 다정한 말투로요.

"엄마가 그런 논리적 비약을 하시다니. 수학자답지 않으세요. 난 연구에 몰두하려고, 아무 방해도 받지 않고 연구에만 몰두하려고 미국에서 러시아로 돌아온 거예요."

"연구에 몰두하기엔 여기 가난한 연구소보다는 미국의 잘나가는 연구소가 백만 배는 더 낫지 않니? 연구비도 풍족하고 시설도 최신이고."

이번에는 엄마가 어리둥절한 얼굴로 물었어요.

"아뇨. 전 미국에서 제가 알아야 할 것들을 다 배웠어요. 만약 거기 교수로 남는다면, 온갖 잡무에 시달려야 했을걸요. 수학에 별 관심 없는 학생들을 억지로 끌어다 놓고 가르치고, 시험 점수를 매기고, 교수 회의라든가 쓸데없는 사교 모임은 또 얼마나 자주 있는지. 게다가 관심도 없는 주제의 논문을 평가를 위해 써 내야 하고. 그러다 보면 내가 진짜로 하고 싶은 연구를 할 수가 없는걸요."

"그럼 지금은 하고 싶은 연구를 후회 없이 하고 있다는 거냐?"

"그럼요. 스테클로프 수학 연구소는 제게 최고의 연구소예요. 제가 하기로 한 연구에 매진하는 한 다른 아무런 요구도 없어요. 참석해야 할 모임도, 내야 할 논문도, 가르쳐야 할 학생도 없죠.

그리고 버섯을 따 오는 것도 연구를 위해서예요."

갑자기 페렐만이 무언가에 홀린 듯한 표정을 지었어요.

"빵을 사러 검은 숲을 걸을 때면 전 수학의 세계에 빠져요. 그땐 정말 주위에 아무도 없어요. 오직 나와 위상 기하학, 세상의 여덟 가지 모양 그리고 푸앵카레의 추측 그것들만이 내게로 다가와 춤을 춰요. 그때 발밑을 보면 우주를 이루는 여덟 가지 모양의 버섯들이 너울너울 춤추고 있어요. 그럼 그것들을 하나씩 따는 거예요. 첫 번째 모양. 두 번째 모양. 세 번째 모양. 네 번째, 다섯 번째⋯⋯ 여덟 번째 모양의 버섯까지 다 따고 나면 푸앵카레의 밧줄이 휘익 우주를 한 바퀴 돌아서 돌아오는 거예요. 유레카! 이번엔 어떤 모양의 우주였을까?"

페렐만의 얼굴이 황홀한 듯 바뀌었어요.

"그래, 그 얼굴이야. 네가 아주 어려서부터 안 풀리던 문제의 해답을 알아내려고 할 때 짓던 표정. 그 해맑고 황홀한 표정이 다시 나타났구나. 난 그때 알았지. 네게 수학이 운명이라는 걸. 나에게 그랬던 것처럼."

"풋."

페렐만이 갑자기 웃음을 터트렸어요.

"내 말이 웃기기라도 하니?"

"요즘 걷다가 저도 모르게 생각에 빠져들면 이상한 곳에 다다

라요. 저 숲에도 토끼 굴이 있나 봐요."

"토끼 굴?"

"《이상한 나라의 앨리스》에 나오는 토끼 굴이요. 시간과 차원이 다른 곳으로 빠져버리는 거죠. 거기서 놀라운 분들과 삼각 모임을 해요."

"오, 다시 친구를 사귀는구나. 네가 혼자만 지내는 듯해서 얼마나 걱정이 많았는데……. 하느님 감사합니다."

"혼자 생각하는 것도 좋지만, 함께 이야기를 나누다 보면 놀라운 영감을 얻어요. 혼자라면 결코 생각하지 못할 그런 것들이요. 예를 들면…… 수학에만 매달릴 필요는 없다. 물리학을 끌어 오면 되니까. 또는 우리가 쓰는 시간에 얽매일 필요가 없다. 시간을 앞으로 돌리면 되니까!"

더 이상 페렐만의 이야기를 이해할 수 없게 되자 엄마는 얼른 말을 돌렸어요.

"이 꽃도 그 토끼 굴에서 가져온 거니? 검은 숲에는 수선화가 없는 걸로 아는데."

"아뇨. 있어요. 버섯들 틈새에 핀 걸 보았어요."

페렐만이 자신 있게 말하자 엄마가 대답했어요.

"버섯 파이는 일곱 시 반에 차려 줄게. 그때 같이 먹자."

"네, 어머니."

페렐만은 조용히 방으로 들어갔어요. 토끼 굴에서 얻은 영감을 계속 발전시키려고요.

만유 고독력의 법칙

"똑똑똑."

예의 그 조심스럽게 문 두드리는 소리가 나고 옷장 문이 스르르 열렸어요. 소피는 아르키메데스와 기하학의 세계에 푹 빠져 있었지요.

"아, 오늘은 정말 여기 오고 싶지 않았는데, 또 여기로 오고 말았군요."

페렐만이 우두커니 서서 중얼거렸어요.

"글쎄 그게 자네의 수학력이라니까. 오늘은 왜 우리 검은 빵 천재 수학자께서 기분이 별로실까."

"말씀드리고 싶지 않아요."

"그럼 말고."

아르키메데스는 다시 소피에게로 눈을 돌렸어요. 오늘 아르키메데스는 어떤 상자를 가져왔어요.

"소피, 내가 수학 장난감을 가져왔어. 내가 만든 건데 이 삼각형 조각들로 정사각형을 몇 개나 만들 수 있을까? 생각할수록

배가 아파 올걸. 그래서 이름도 '배가 아프다.'라는 뜻의 스토마키온이야."

아르키메데스가 소피에게 상자를 열어 보이며 장난스럽게 말했어요.

"이렇게 반을 회전하면 하나가 만들어지고, 또 저쪽 반을 다시 회전하면?"

소피는 아르키메데스의 상자를 보자마자 푹 빠져들었어요. 하지만 소피는 페렐만의 슬퍼 보이는 얼굴을 외면할 수 없었어요.

"페렐만 아저씨, 홍차 한 잔 드실래요? 여기 검은 빵도 있어요. 제가 호두는 미리 다 빼 두었어요."

페렐만의 얼굴에 잠시 화색이 돌았어요.

"실은……."

페렐만이 무거운 바위처럼 닫혀 있던 입을 천천히 열었어요.

아르키메데스는 여전히 삼각형 조각들에 코를 박고, 소피는 귀를 쫑긋 열었지요.

"실망이 이만저만이 아니에요."

"새삼스레 외모나 가난 얘기는 아닐 테고. 수학계에 대한 실망 말인가?"

아르키메데스가 지렛대로 콕 찌르듯이 정곡을 찔렀어요.

"그걸 어떻게 아시죠? 제가 말씀드린 것도 아닌데?"

페렐만이 놀란 표정을 지었어요.

"자네에겐 수학이 세상의 전부인데, 자네가 그리도 크게 실망했다면 수학계 말고 뭐가 또 있겠나?"

"저에게 상을 준대요. 어마어마한 상금도요."

페렐만이 시무룩하니 말했어요.

"어머 축하드려요. 그런데 왜 실망이 크세요? 상금이 생각보다 적나요?"

소피가 천진난만한 표정으로 물었어요.

"저는 상금을 한 번도 바란 적이 없는데."

"그렇지 자네가 바란 건 상금이 아니라 인정이지. 그 문제를 풀었다는 걸 인정하는 진심."

"네, 맞아요. 선생님. 저는 삼 백 년간 풀리지 않던 푸앵카레의 추측을 풀었단 말입니다. 하지만 제 입으로 그런 말을 한 적은 없어요. 그저 지난번 선생님께서 말씀하신 사물의 형태를 나누는 방법, 그걸 수학적으로 증명한 것뿐이지요. 물리학을 좀 끌어다 쓰긴 했지만. 그건 저에게 중요한 문제였거든요. 제 인생을 통틀어 가장 중요한……. 그런데 사람들은 돈 얘기만 하고……. 가장 속상한 건, 친하다고 믿었던 수학자들마저 제가 그걸 풀어 버려서 이제 똑똑한 친구들은 위상 기하학을 연구하러 오지 않을 거라고 해요. 또 가장 저를 인정하리라 생각했던 존경하던 수학자들은 조개처럼 입을 꾹 다물고 아무 말도 안 하고, 그저 주위에선 모두 상금을 어디다 쓸 건지만 물어요. 저에게 너무나 중요한, 그 문제가 어떻게 풀렸는지에 대해서는 아무도 궁금해하지도, 이해하지도 못해요. 가장 친하다고 믿었던 수학자마저."

그러자 스토마키온에 코를 박고 있던 아르키메데스가 서서히 몸을 돌리고 말했어요.

"소피, 이게 우리의 운명이란다. 아무에게도 인정받지 못할 거

야. 가장 친하다고 믿는 사람에게도. 그래서 우리가 이렇게 만나게 된 거란다."

"인정이 그렇게 중요한 건가요, 알키 할아버지?"

소피가 정말 궁금한 표정으로 물었어요.

"그럼 중요하지. 세상의 모든 물질을 몇 가지 형태로 나눌 수 있듯 우리에게 필요한 본질적 요소도 몇 가지로 나눌 수 있는데, 그중의 가장 중요한 하나가 바로 인정이야. 가장 친밀한 상대로부터 받는 이해와 인정. 그거 없이는 우리가 살 수 없거든. 페렐만은 지금 그걸 얻지 못해서 저렇게 상심하는 거지. 허나 페렐만, 조금만 기다리게나. 자네의 증명은 너무나 비범해서 그렇게 빨리 이해할 수 없거든."

"네, 저도 일 년 반이나 이 년쯤 걸릴 거라고 예상했어요. 그런데 그동안 일어나는 일의 방식이 너무나 실망스러워요. 제가 한 일이 이렇게 철저히 오해받을 줄은 꿈에도 몰랐어요. 저는 줄곧 믿어 왔어요. 아는 것의 잠재력은 무한하다고요. 그런데 이제는 이런 생각이 듭니다. 사악함과 잔혹성 역시 무한하다고!"

만난 이후로 가장 길게 말을 토해 낸 페렐만이 정말 힘들었다는 듯 고개를 푹 수그렸어요.

그러자 아르키메데스가 정색을 하고 말했어요.

"자네 말을 들으니 내 원을 밟는 것도 모자라 내 목을 내려친 로마 병사가 생각나는군. 허나 이렇게 생각해 볼 수도 있지 않겠나. 오히려 자네가 그동안 꿈속에 푹 빠져 살았던 거라고. 우리 셋 다 그래. 우리는 수학이라는 꿈속에 푹 빠져서 살았으니 그 값을 치를 수밖에 없는 거지. 그게 우리 운명이야. 자네는 이 세상의 현실과 별로 상관없지. 검은 빵과 요구르트만 있으면 되고. 그 곰같이 생긴 외투와 모자로 평생을 지내도 상관없잖은가. 소피 너도 다른 여자애들처럼 예쁜 옷이나 멋진 신랑감 따위는 관심도 없지 않니? 석판과 석필만 있다면 얼마든지 너 혼자 수학의 세계에서 즐겁게 살 수 있지 않니?"

페렐만과 소피가 동시에 고개를 끄덕였어요.

"같은 시대를 산다고 같은 세상을 사는 건 아니야. 난 그리스에서 살았지만 수학 세계에서 살았어."

"저도요. 파리는 지금 혁명 중이지만 전 혁명이 벌어지는 광장이 아니라 제 방에 콕 박혀 수학의 세계에서 살고 있어요. 페르마의 정리와 숫자들, 방정식과 함수, 그곳이 제 마음이 있는 곳이에요."

"나도 그래요. 난 검은 숲과 아파트를 오가며 숫자들과 도형의 세계에 살았어요."

페렐만이 소피의 말에 동의했어요.

"우리에게 수학은 보이지 않는 세계와 보이는 세상을 연결해 주는 다리와 같아. 허나 이 세상은 그렇게 돌아가지 않거든. 너희들이 세상의 온갖 잡다한 싸움과 추구에서 떠나 있는 동안 세상이 너희에게 물리는 세금이 있단다. 그렇게 생각하면 간단할 거야. 몰이해와 오해라는 세금을 물어야 하는 거지."

"그동안 우리는 수학 안에서 행복했으니까요."

소피가 진심어린 목소리로 말했어요.

"그렇지. 소피 너는 정말 사랑스러운 아이구나. 만약 네가 고대 그리스에서 살았다면 나는 너에게 수선화 한 다발을 바쳤을 거야. 맹세코."

아르키메데스의 말에 페렐만의 얼굴이 빨개졌어요.

"대신 우리는 이렇게 시공간을 넘어 만난 거구요."

"그래. 우리의 뼛속 깊은 외로움이 우리를 만나게 한 거지. 바로 만유 고독력의 법칙."

"네? 무슨 법칙이요?"

페렐만이 어리둥절한 표정으로 물었어요.

"쉽게 말하면 '모든 외로움은 시공간을 넘어 서로를 끌어당긴다'. 그게 만유 고독력의 법칙이야."

"그런 법칙도 있나요?"

"내가 발견했지. 흐흐. 자연수들 가운데서 소수들이 규칙 없이 나타나듯이, 무한 속에서 소수처럼 고독한 자들은 서로를 끌어

$$F = G\frac{m_1 m_2}{r^2}$$

당긴단다. 우리는 소수처럼 1과 자기 자신만으로 나눠 떨어지는 외로운 사람들이거든. 이러한 이들은 언젠가 어느 시공간의 회로에선가 반드시 만나게 되어 있도다."

"와, 그런 원리를 선생님께서 발견하신 건가요? 자기 자신은 알겠는데 1은 누구죠?"

페렐만이 희미하게 웃으며 물었어요.

"그야 부모님 아니겠어! 누구에게나 가장 가까운 친구는 부모니까. 엄마든 아빠든 자기를 가장 깊이 이해해 주는 한 사람. 자기를 만들어 낸 사람. 유전자의 원조."

"우리는 소수처럼 친구가 없다는 공통점이 있군요. 이런 기막힌 원리를 어떻게 발견하셨어요?"

소피가 아르키메데스에게 물었어요.

"발견했다기보다 깊이 바란 거 아닐까? 나의 외로움이 극한에 이르면 누군가를 부르는 거지. 그 소리가 무한히 커서 다른 시공간에 다다라 누군가를 끌어당기는 것이고."

아르키메데스가 한숨을 깊이 내쉬었어요. 그러고 말을 이어 나갔지요.

"이제 우리의 삼각 모임도 끝날 때가 되었구나."

"왜요?"

페렐만과 소피가 동시에 울컥 하며 물었어요.

"무엇이든 끝이 있는 법이니까. 우리를 만나게 해 준 시공간의 휘어진 접점이 다했거든. 기억하렴. 소피 그리고 페렐만. 꼭 동시대인만이 너를 이해해 줄 수 있는 존재가 아니야. 숫자들이 무한 속에서 살듯이 우리는 영원 속에서 동시대인이거든."

"흠, 지금 당장 이해할 순 없지만 정말 멋진 말이에요."

소피가 대꾸했어요.

"그러니까 지금 이 실망이 당분간 살아 있는 동안 지속되리라는 말씀이군요."

페렐만이 고개를 떨구며 말했어요.

"그래도 우리에겐 수학이 있지 않나! 엄밀하고도 자유로운, 질서 정연하면서도 무한한 이 놀라운 세계가! 소피, 너에게 해 줄 말이 있단다."

아르키메데스가 소피의 얼굴을 다정하게 바라보며 말했어요.

"네가 몇 년 전 아버지의 서재에서 《수학의 역사》라는 책을 골라 보게 되고, 그 안에서 수학에 몰두하다 로마 병사에게 죽은 나에게 아픈 마음을 갖게 되고, 그것으로 수학의 신비 안에 들어오게 된 것이 다 우연이 아니란다. 우리는 무한 속에서 서로 연결되어 있어. 비록 시간과 공간이 연속적이지 않더라도 우리는 연결되어 있단다. 그러니 앞으로 너에게 어떤 일이 일어나든 너 혼자 당하는 거라고 외로워하지 마렴."

"잘은 모르겠지만 무슨 말씀인지 어렴풋이 알 거 같아요."

소피가 고개를 끄덕였어요.

"네가 좋아하는 일을 다른 사람이 알아주지 않는다 해도, 너에겐 충분한 기쁨이 있지. 숫자와 공식과 엄밀하고 자유로운 수학이 주는 기쁨 말이다."

아르키메데스는 똑똑한 손녀를 바라보는 할아버지처럼 다정하게 웃음 지었지요.

"그리고 페렐만 자네는 정말 놀라운 업적을 이룬 거야. 그거 자체가 자네에게 보상이라는 사실을 잊지 말게나. 그럼 흔들리지 않고 자네 속도대로 계속 나갈 수 있을 거야."

페렐만이 알아들었다는 듯이 고개를 푹 수그렸어요.

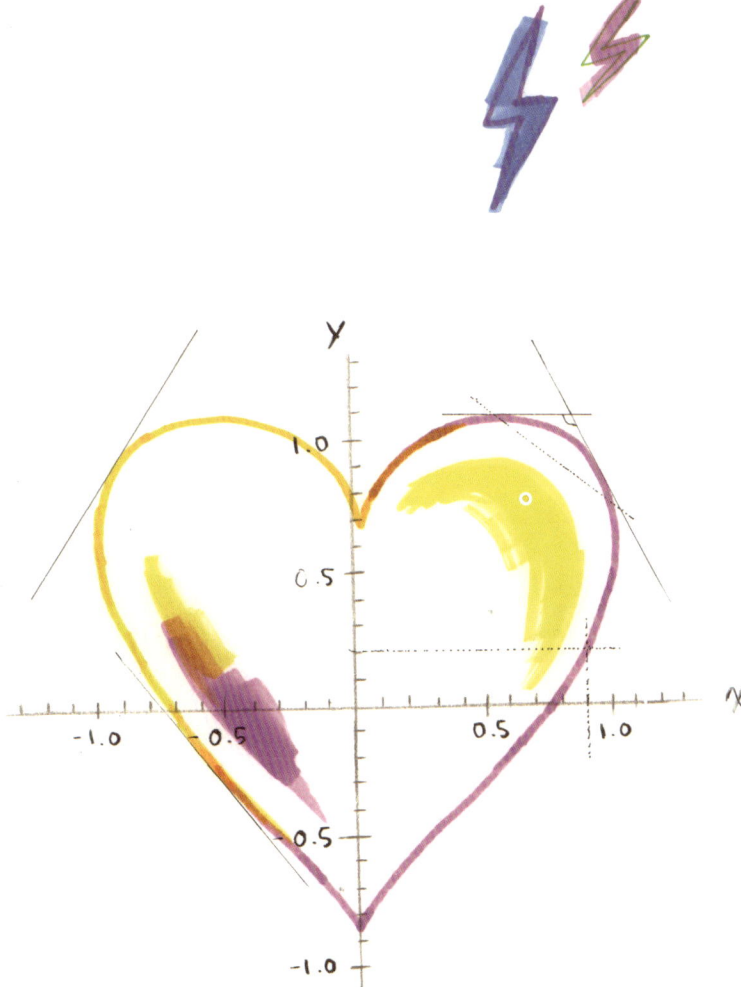

"오늘도 르블랑 학생은 안 나온 건가?"

라그랑주 교수가 교실을 둘러보며 말했어요. 모두들 침묵을 지켰지요.

"혹시 누구 르블랑 학생과 친한 사람?"

다시 교실을 둘러보자 로베르토가 못 이기듯 손을 들었어요.

"다행이군. 아는 사람이 한 명이라도 있어서. 로베르토 군, 르블랑 학생을 만나면 꼭 전해 주게. 내가 꼭 만나고 싶다고."

"네. 만나기만 한다면……."

로베르토가 기어드는 목소리로 말했어요.

"얼굴 한번 보지 못한 이 유령 학생이 과제로 제출한 논문은 너무나 뛰어나. 유령이 아니라면 꼭 내 앞에 나타나 달라고 전해 주게나. 유령이라도 이런 수학 실력을 가진 존재라면 꼭 만나고 싶으니. 진심으로 말이야."

언제나 엄밀함을 추구하던 라그랑주 교수답지 않게 농담까지 했어요. 그 바람에 잔뜩 긴장해 있던 학생들 마음이 좀 누그러들었지요.

"저……. 그게 교수님."

로베르토가 라그랑주 교수를 뒤따르며 기어들어 가는 목소리로 말했어요.

"어?"

라그랑주 교수가 뒤돌아보며 멈추었지요.

"그게 실은……. 르블랑은 나타날 수가 없습니다."

"왜? 정말 유령이라도 되나?"

라그랑주 교수가 장난기 어린 웃음을 지으며 물었어요.

"유령이라면 차라리 낫게요. 실은 르블랑은 여자거든요. 근데 우리 학교 에콜 폴리테크니크는 여자는 입학 금지라서."

라그랑주 교수는 깜짝 놀랐어요. 하지만 곧 설레는 목소리로 말했어요.

"이렇게 뛰어난 논문을 쓴 사람이 여학생이라니 내가 꼭 만나 봐야겠군. 유령이 아니라서 천만다행이야! 허허!"

라그랑주 교수는 며칠 뒤 소피의 집 문을 두드렸어요.

"어머, 언니, 로베르토 오빠가 왔나 봐? 언니가 불렀어? 어쩌지? 아직 단장도 제대로 못 했는데."

그러면서 벌써 소피의 동생이 현관문으로 쪼르르 달려 나갔어요. 그런데 시종이 열어 준 문으로 들어선 사람은 젊은 로베르토 오빠가 아니라 중년의 기품 있는 남자였지요.

"라그랑주 교수라는데요."

시종이 카드를 들고 읽었어요.

라그랑주 교수의 이름을 응접실에서 들은 소피는 소스라치게 놀랐어요. 르블랑이라는 가짜 남학생 이름으로 과제물을 제출한 건 바로 소피였거든요.

소피는 원래 에콜 폴리테크니크에 미치도록 들어가고 싶었어요. 거긴 나폴레옹이 세운 과학 수학 전문 대학이었어요. 하지만 당시 에콜 폴리테크니크엔 남자들만 들어갈 수 있었어요. 여성을 학생으로 받을 생각 따윈 아예 없었지요. 하지만 소피는 그 대학에서 '너무너무너무'의 백만 제곱만큼 수학을 공부하고 싶었어요. 그래서 그 학교에 다니는 친구 로베르토에게 강의 노트를 부탁했지요. 그 노트에 적힌 내용을 독학하고 숙제로 내준 문제를 성의껏 풀었어요. 그리고 제출했지요. 르블랑이라는 가짜 이름으로요.

  어쩌면 그때부터인지 몰라요. 꿈인지 진짜인지 모를 삼각 모임을 가진 후로 어차피 소피가 이 세상에서 추구할 건 수학뿐이라는 걸 알았거든요. 그래서 남자든 여자든 이름이 무엇이든 더 이상 중요하지 않았어요. 오직 한 단계 더 높은 수학을 배울 수만 있다면 유령이라도 자처할 셈이었지요. 그런데 오늘 그 유령을 찾아 고명하신 수학자 라그랑주 교수가 친히 찾아온 거예요.

  "아버님, 어머님, 소피 제르맹은 인류 역사에서 한번 나올까 말까 한 뛰어난 수학력을 지니고 있습니다."

  라그랑주 교수의 말에 부모님의 입이 헤 하고 벌어졌어요.

  결혼할 나이가 다 되었는데도 소피는 밤늦도록 수학 문제만 풀고, 언니나 동생처럼 무도회나 외모 단장에 관심이 없었어요. 그래도 로베르토가 종종 소피를 찾기에 둘이 뭔가 통해서 좋아하는 줄 알았어요. 하지만 모두 착각이었지요. 소피는 로베르트가 전해 주는 라그랑주 교수의 수학 강의 노트를 반겼던 거예요.
"허! 소피는 내 둘째 딸로 태어난 게 아니라 수학자로 태어난 거였군요. 여태까지 난 그걸 인정하지 못하고 내 둘째 딸을 어엿한 귀족 가문에 시집을 보내려고 기를 썼던거군."
소피 아빠가 한숨을 내쉬었어요.

"소피, 넌 수학이 왜 그리 좋으냐?"

"수학은 제게 자유예요. 아빠와 엄마가 제게 원하는 방식은 모두 정해진 틀 안에 있어요. 결혼, 아이, 사교, 가정 생활 모두 정해진 틀에 박혀 있지요. 하지만 수학은 무한한 자유예요. 마음 가는 대로 수학이라는 경이로운 세계를 여행할 수 있거든요."

소피가 사랑하는 사람을 묘사하듯 황홀한 표정으로 말했어요. 소피의 부모님은 서로를 마주 보고는 약속한 듯 말했어요.

"네, 좋습니다. 이제 소피에게 저희 방식대로 저희 딸이기를 강요하지 않겠어요. 선생님의 수제자로 저 좋아하는 수학을 마음껏 공부하도록 하겠습니다."

이날이 바로 소피의 수학 독립 기념일이에요. 이날부터 소피 제르맹은 라그랑주 교수의 개인 지도를 받으면서 모르는 걸 마음껏 물어보고 더 높은 수준의 가르침을 받으면서 마음껏 수학의 세계로 빠져들었어요. 더 이상 부잣집 아가씨가 갖춰야 할 덕목을 쌓으려 애를 쓸 필요도, 관심 없는 결혼 때문에 무도회에 갈 필요도 없었지요. 오로지 우주를 이루는 수학 원리와 자연수와 정수의 비례와 공식 그들로 이루어진 수학의 무도회를 종일 즐겼으니까요. 거기는 무한과 극한이 공존하는 초현실의 세계였어요. 주인공은 숫자였고, 인간은 그 숫자들의 조합을 발견하고 도와주는 시종들이었지요.

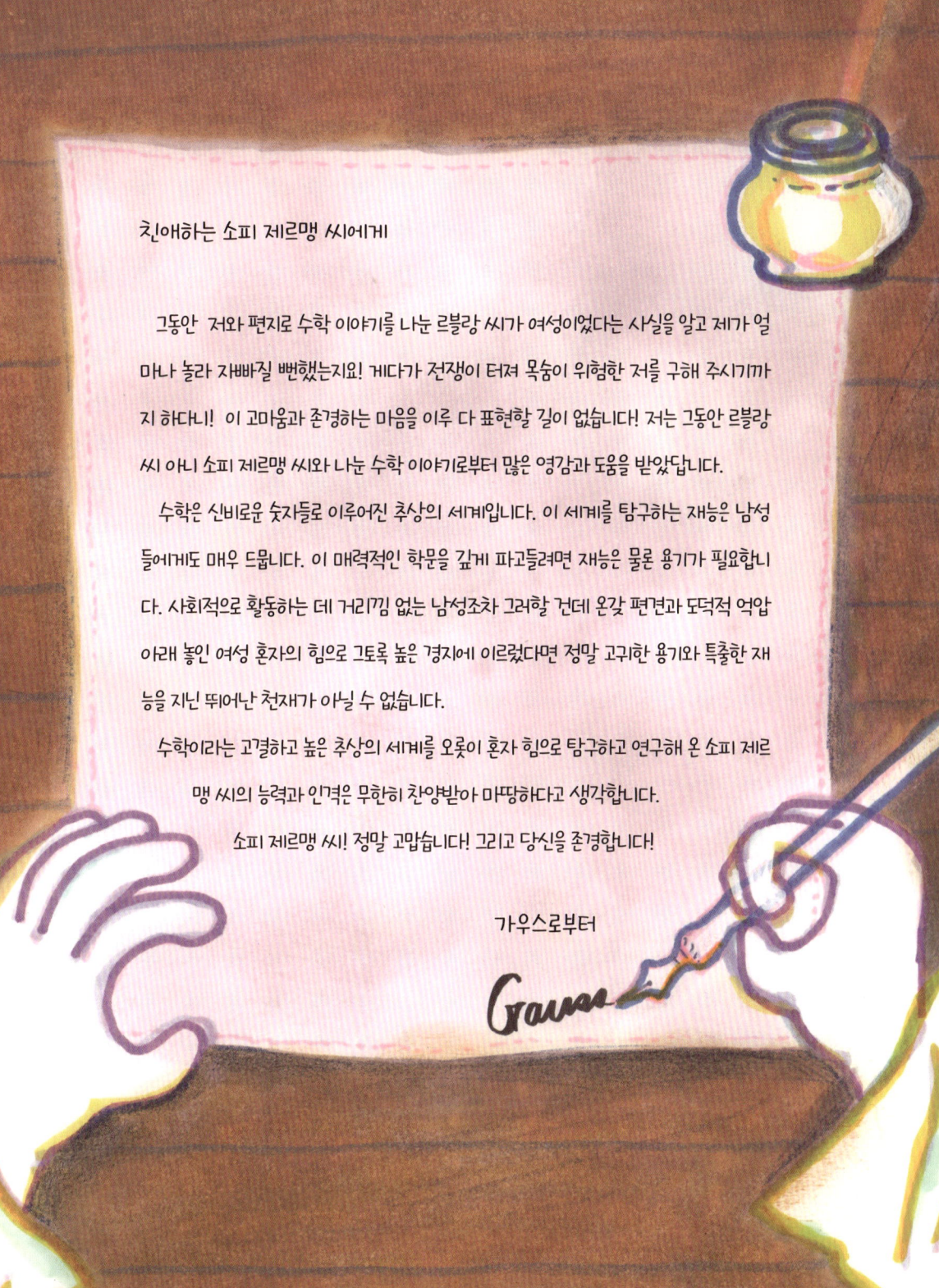

친애하는 소피 제르맹 씨에게

그동안 저와 편지로 수학 이야기를 나눈 르블랑 씨가 여성이었다는 사실을 알고 제가 얼마나 놀라 자빠질 뻔했는지요! 게다가 전쟁이 터져 목숨이 위험한 저를 구해 주시기까지 하다니! 이 고마움과 존경하는 마음을 이루 다 표현할 길이 없습니다! 저는 그동안 르블랑 씨 아니 소피 제르맹 씨와 나눈 수학 이야기로부터 많은 영감과 도움을 받았답니다.

수학은 신비로운 숫자들로 이루어진 추상의 세계입니다. 이 세계를 탐구하는 재능은 남성들에게도 매우 드뭅니다. 이 매력적인 학문을 깊게 파고들려면 재능은 물론 용기가 필요합니다. 사회적으로 활동하는 데 거리낌 없는 남성조차 그러할 건데 온갖 편견과 도덕적 억압 아래 놓인 여성 혼자의 힘으로 그토록 높은 경지에 이르렀다면 정말 고귀한 용기와 특출한 재능을 지닌 뛰어난 천재가 아닐 수 없습니다.

수학이라는 고결하고 높은 추상의 세계를 오롯이 혼자 힘으로 탐구하고 연구해 온 소피 제르맹 씨의 능력과 인격은 무한히 찬양받아 마땅하다고 생각합니다.

소피 제르맹 씨! 정말 고맙습니다! 그리고 당신을 존경합니다!

가우스로부터

Gauss

소피는 그야말로 가슴이 터질 것 같았어요. 세상에서 누구보다 존경하는 수학자 가우스로부터 자신을 존경한다는 편지를 받았으니까요. 소피는 그동안 르블랑이라는 남자 이름으로 가우스와 편지를 주고받았어요. 가우스의 《산술논고》를 읽고 깊은 감명을 받은 소피가 여러 가지 수학적 주제들이 담긴 편지를 보내고, 가우스로부터 답장을 받곤 했지요. 그때도 위대한 수학자와 수학을 토론하는 설렘이 있었지만, 자신이 여성이라는 정체를 알리고 나서 더욱더 존경과 감탄을 보내는 편지를 받자, 그동안 남자인 척해야 했던 설움과 답답함이 한꺼번에 씻겨 나가는 듯했어요.

'알키 할아버지 덕분에 가우스 선생님을 구했어.'

소피는 생각했지요. 몇 달 전, 나폴레옹의 군대가 기어이 독일로 쳐들어간다는 소식을 듣고 소피 제르맹은 가슴이 철렁 내려앉았어요. 외국 군대의 손에 어이없이 죽어간 아르키메데스가 생각났거든요.

걱정으로 밤새 잠 못 이루던 소피 제르맹은 아침에 일어나자마자 아버지와 친한 장군에게 편지를 썼어요. 독일의 브라운슈바이크에 사는 수학자 가우스를 피신시켜 달라고 간곡히 부탁하는 내용이었지요. 덕분에 가우스는 프랑스 군대로부터 습격이 아닌 완벽한 보호를 받았어요.

가우스는 자기를 구해 준 사람이 소피 제르맹이라는 걸 듣고 고개를 갸우뚱했어요.

'소피 제르맹이 대체 누구지?'

가우스는 처음 들어 보는 이름이었거든요. 이리저리 알아보던 끝에 결국은 라그랑주 교수를 통해, 르블랑이라는 이름으로 서신을 주고받던 프랑스 수학자가 실은 소피 제르맹이라는 사실을 알게 되었지요. 가우스는 깊은 감사와 존경을 담아 소피 제르맹에게 편지를 보냈어요. 여성이라 학교도 못 다니고, 프랑스 과학 아카데미나 대학에서 수학자로 인정도 못 받는 처지에서 소피 제르맹이 이룩한 수학적 성과는 놀라운 것이었거든요.

예를 들면 이런 일이 있었어요. 독일의 클라드니라는 과학자가 프랑스를 방문해서 소리의 얼굴을 보여 준다고 했어요. 소리가 어떻게 전파되는지 보여 주는 실험을 열었지요.

"소리의 얼굴이라니, 완전 흥미로운데!"

과학과 수학에 유독 관심이 많던 나폴레옹이 클라드니를 초청했어요. 클라드니는 금속판에 모래를 깔고 바이올린 활로 판의 가장자리를 긁었어요. 그러자 금속판이 떨리면서 모래가 요동치고 그에 따라 온갖 기하학적 무늬가 금속판에 나타났어요. 소리에 따라 모래가 헤쳐 모이면서 온갖 무늬를 그려낸 거예요.

"소리의 얼굴이란 기하학의 모양을 하고 있구나! 왜, 어떻게,

이런 현상이 일어나는 거지? 너무 궁금하도다. 어서 수학으로 설명해 보거라."

나폴레옹이 클라드니에게 얼굴을 바짝 들이대며 물었어요.

"아뢰옵기 황공하오나 그건 제 능력 밖의 일이라."

클라드니가 얼굴을 붉히며 꽁무니를 뺐어요. 나폴레옹은 포기하지 않고 프랑스 과학 아카데미에 요청했지요.

"이 금속판에 기하학적 무늬를 만들어 내는 현상을 수학으로 설명하는 자에게 상금을 걸겠노라!"

그런데 너무 어려운 문제라, 선뜻 풀겠다고 나서는 수학자가 없었어요. 아니, 남자 수학자는 없었지만, 여성 수학자가 딱 한 사람 있었지요. 바로 소피 제르맹이었어요.

"자연에 직선은 없다고 했지. 지구도 우주도 온통 구부러지고 휘어지고. 활이 금속판을 긁으면 판이 휘어지겠지. 이 휘어짐과 무늬가 상관있을 거야."

소피 제르맹은 금속판의 구부러진 정도와 기하학적 무늬가 관련이있다는 걸 알았어요. 특정한 지점에서의 탄성력이 표면이 구부러진 정도에 비례한다는 오일러의 이론에서 영감을 얻어 〈탄성체의 진동에 관한 연구〉라는 논문을 써서 이 이론을 공식으로 증명했지요. 그런데 프랑스 과학 아카데미에서는 이 공식에 사소한 오류가 있다면서 수상자가 없다고 발표했어요. 소피 제르맹이 남성이 아니라 여성이라는 사실이 마음에 들지 않았던 거예요. 소피는 논문을 다듬어 두 번째로 냈어요. 프랑스 과학 아카데미에서는 또다시 사소한 실수를 핑계 삼아 수상자가 없다고 했지요.

"그까짓 거 치사하고 더러워. 그만해!"

동생이 화를 내며 말렸어요. 하지만 소피는 생각이 달랐지요.

"아니, 난 이 공식이 맞다는 걸 알아. 그걸 세상에 알려야지. 그게 내 임무거든."

소피는 세 번째로 논문을 고쳐서 프랑스 과학 아카데미에 냈어요. 이번에는 아무리 꼬투리를 잡으려 해도 실수 하나 없이 완벽했지요. 프랑스 과학 아카데미는 소피 제르맹을 수상자로 발표했어요.

"언니, 시상식에 안 가?"

시상식 날인데도 책상에 앉아 있는 언니를 보며, 동생이 의아한 얼굴로 물었어요.

"난 상금이나 시상식엔 관심 없는데. 내 공식과 증명이 옳다는 걸 인정받으면 됐어. 러시아의 누군가처럼. 이걸로 만족해."

소피는 보일 듯 말 듯 희미한 미소를 지었어요. 동생은 대체 러시아의 누구를 말하는 건지 도무지 알 수가 없었지요.

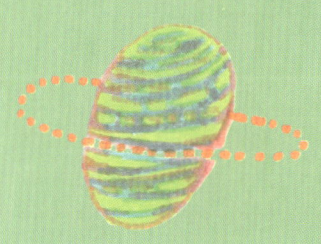

"우리 삼각 모임은 비록 역사에 남지 않겠지만, 우리 마음속에는 남아 있다. 그치?"

아르키메데스가 빙그레 웃으며 말했어요.

"맞아요. 우리는 영원 속에서 서로 연결되어 있으니까요."

소피는 이 말이 남은 생애 동안 얼마나 힘이 될지 모른 채 주문처럼 중얼거렸어요. 그때 갑자기 창문을 넘어가던 아르키메데스가 뒤돌아보며 외쳤어요.

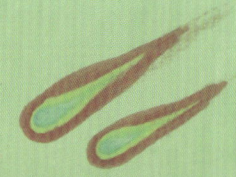

"유레카!"

이제 더이상 한밤중에 이 즐거운 모임이 열리지 않는다는 무거운 생각에 빠져 있던 소피와 페렐만은 동시에 고개를 퍼뜩 들고 아르키메데스를 쳐다보았지요.

"자네들도 알다시피, 수학력은 생각력이야. 한 문제를 끈질기게 생각하는 힘. 자나 깨나 먹으나 걸으나 계속해서 오랫동안 생각하던 문제가 마침내 풀리면 누구나 환희에 차서 외치게 돼 있지. 유레카! 소피와 자네에겐 그 유레카의 순간들이 선물로 주어져 있다네. 힘내라고! 난 가서 다시 바다의 모래알을 세야겠어. 이 광활한 우주를 모래알로 채우려면 얼마나 필요할지 세어 보아야 하거든."

그러자 페렐만이 나지막이 대꾸했어요.

"우주의 크기를 측정하시는 거군요. 저도 방금 깨달았는데요. 끝은 시작과 연결되어 있어요. 이 도넛처럼요. 그러니 우리의 만남도 여기서 끝이 아니죠. 무한을 한 바퀴 돌고 돌아 다시 만나게 될 거에요. 유레카!"

"아참, 페렐만, 그 맛없는 검은 빵만 먹지 말고 가끔 파스타도 먹어 봐."

아르키메데스가 불현듯 생각난 듯 말했어요.

"내 고향 시라쿠사에 가면 아르키메데스 레스토랑이 있어. 거기서 파는 아르키메데스 파스타를 꼭 맛보라고. 난 이제 무한에 속한 몸이라 그런 걸 먹을 수 없지만, 자네는 아직 살아 있으니 맘껏 맛볼 수 있지 않나!"

"그러자면 상트페테르부르크에서 수천 킬로미터나 떨어진 시칠리아섬으로 가야 하는데."

페렐만이 내키지 않는다는 듯 중얼거렸어요.

"이보게나. 나도 예전엔 자네처럼 심각했다네. 모든 게 수학처럼 엄밀하게 맞아 떨어져야 한다고 생각하고, 인생을 풀어야 할 숙제처럼 생각했지. 하지만 말이야. 이렇게 무한을 살아 보니 인생은 그런 게 아니야. 인생은 선물 보따리야. 시간이라는 선물 보따리. 풀면 놀라운 하루하루가 들어 있다네. 그 짧은 유한을 맘껏 즐기게나. 나무, 햇빛, 공기, 물, 흙, 버섯과 무엇보다 음식!"

그러자 소피도 희미하게 웃으며 말했지요.

"저라면 꼭 가서 먹어 보겠어요. 세상에서 가장 존경하는 아르키메데스의 이름이 붙은 파스타라니!"

"제르맹 씨가 그렇게 말한다면야."

페렐만이 얼굴을 붉히면서 말했어요.

그러자 소피가 얼른 말했어요.

"저도 한 가지 발견한 게 있어요. 연결이 꼭 붙어 있으란 법은 없어요. 띄엄띄엄 떨어져 있어도 연결되어 있을 수 있지요. 우리처럼요! 유레카!"

"맞아. 자네들은 저 우주 멀리로 데려가 줄 열쇠를 쥐고 있어. 자네들의 궁금증! 마음에서 솟구치는 물음이 자네들에게 주어진 선물이자 열쇠야. 그 열쇠로 유레카의 문을 열어 보게."

페렐만은 옷장이 유레카의 문이라도 되듯이 옷장 문을 벌컥

열어젖혔어요. 그리고 옷장 속으로 들어가기 전에 갑자기 뒤돌아보며 말했지요.

"지금은 상트페테르부르크로 돌아가야 해요. 어머니가 기다리시는 아파트로. 하지만 제르맹 씨, 저는 무한 속에서 다시 만날 것을 확신합니다. 우리가 숫자들 가운데 소수라면, 비록 함께 붙어 있지 않더라도 우리는 같은 집합에 속해 있으니까요. 그리고…… 감사해요. 상을 받은 뒤로 이 유한의 세상을 굳이 살아야 하나 깊은 실망에 빠져 있었거든요. 그런데 삼각 모임으로 유한을 살아낼 용기가 생겼어요. 당신도 고독한 유한을 오로지 수학력으로 살아냈으

니 저도 그러렵니다. 그렇게 저도 고독한 유한을 살아내고 나서 한없이 자유로운 무한 속에서 다시 만나기로 해요. 나의 단짝 소수, 소피 제르맹 씨."

"아르키메데스 파스타 맛보는 거 잊지 마세요."

소피가 눈을 찡긋해 보였어요.

"알지? 우리는 무한 속에서 다시 만날 거야."

아르키메데스가 눈을 찡긋하며 마지막 인사를 했어요.

프랑스 혁명이 난 지 234년이란 시간이 흘렀어요. 프랑스 파리의 에펠탑 아래에서 사람들이 웅성거렸어요.

"바람이 불 때마다 저 큰 탑이 휘청거려요."

"그래도 부러지지는 않죠. 탄성의 법칙 덕분이에요. 여러 과학의 발견으로 이토록 큰 탑을 부러지지도, 무너지지도 않게 세울 수 있었지요."

사람들은 높고도 아름다운 탑을 올려다보며 이야기를 나누었어요. 에펠탑에 새겨진 72명의 과학자들 이름에 탄성의 법칙을 증명해 낸 소피 제르맹의 이름이 당연히 있으리라 믿으면서요. 하지만 실제로 에펠탑 어디에도 소피 제르맹 이름은 없답니다.

이 사실을 소피가 알게 되어도 소피는 괜찮을 거예요. 소피는 밤마다 수학의 세계 속에서 누구보다 황홀하고 아름다운 시간을 보냈으니까요. 누가 알아주지 않아도, 거창한 상을 받지 않아도, 역사에 위대한 이름이 남지 않아도, 소피는 그런 일에 마음을 두지 않게 되었어요. 수학에 빠진 어느 밤에 아르키메데스가 해 준 이야기 덕분이지요.

"
아무에게도 이해받지 못하더라도
너무 상심하지 마라.
너와 우리는 영원 속에서
서로 연결되어 있으니까.
"

어머니, 전 지금 소피 제르맹 거리에 있어요.

여기 어딘가에 그녀가 수학을 연구하던 방이 있다고 생각하니

미칠 것처럼 심장이 두근거립니다. 이상하게도 와 본 듯해요.

그럼 시라쿠사에 가서 또 소식 보낼게요.

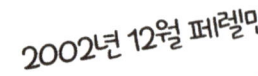

2002년 12월 페렐만

세 명의 수학자를 소개합니다

아르키메데스(기원전 287(?)~기원전 212)는 기원전 3세기에 시칠리아 시라쿠사에서 살았던 고대 그리스의 수학자입니다. 그는 물리학과 수학의 기초를 세운, 인류 역사상 가장 위대한 3대 수학자 중 한 사람으로 꼽힙니다. 수학계의 노벨상이라 불리는 필즈상 메달에도 아르키메데스의 얼굴이 새겨져 있어요.

시라쿠사에 침공한 로마 병사에게 '내 원을 밟지 마라.'고 한 이야기는 유명한데, 실제 일어난 일이 아니라 사실을 약간 꾸며 낸 이야기라고도 합니다. 아르키메데스는 포에니 전쟁 때 시라쿠사에 쳐들어온 로마 병사의 손에 죽임을 당합니다. 이런 아르키메데스의 죽음에 대한 이야기를 담은 수학사 책을 읽고 소피 제르맹은 깊은 인상을 받지요.

소피 제르맹(1776년~1831년)은 프랑스 파리에서 태어났어요. 그 시절, 여자로서 수학을 공부하기 위해 온갖 장애에 부딪히고 불필요한 오해를 받아야 했어요. 남자들만 받아 주는 대학에서 공부하려고 르블랑이라는 남자 이름으로 등록해서 과제만 제출해서 평가받기도 했고요. 다행히 과제물을 평가하던 라그랑주 교수의 눈에 띄어 본격적으로 수학 공부에 전념할 수 있게 되었지요. 하지만 소피 제르맹은 그 뒤에도 존경하던 가우스와 르블랑으로 편지를 주고받아야 했지요. 물론 나폴레옹이 독일을 침공했을 때 가우스의 목숨을 구해 주면서 르블랑이라는 이름의 수학자가 사실은 소피 제르맹이라는 사실이 밝혀지고 가우스로부터 진심 어린 감사와 존경의 인사를 받았지만요.

무엇보다 소피 제르맹은 프랑스 과학 아카데미에서 낸 어려운 과학 문제를 당당히 풀었지만 여성이라는 이유로 상을 받지 못했어요. 그러다가 결국 소피 제르맹의 업적을 피할 수 없어 상을 주기로 프랑스 과학 아카데미에서 결정했지만, 그런 마지못한 결정에 화가 난 소피 제르맹은 시상식에 가지 않았어요. 마치 필즈상을 거부한 페렐만처럼요.

그리고리 페렐만(1966년~)은 러시아에서 태어나 2002년에 수백 년간 풀리지 않던 수학의 난제 푸앵카레의 추측을 증명하여 필즈상을 받은 수학자입니다. 푸앵카레의 추측이란 쉽게 말해 우주의 모양을 상상해 보는 추측인데요. 밧줄을 던져 우주에 한 바퀴 두른 다음 잡아당겼을 때 밧줄이 어딘가에 걸리거나 엉키지 않고 모두 돌아온다면, 그때 우주의 모양은 구와 같다고 할 수 있다는 추측입니다.

페렐만은 2002년 11월 11일에 누구나 볼 수 있는 온라인 논문 자료실에 푸앵카레 추측을 증명한 논문을 올립니다. 이 논문이 맞다는 걸 검토하는 데만 3년이 걸려서 2006년에서야 푸앵카레 추측을 페렐만이 증명했다는 걸 인정받고 필즈상 수상자가 됩니다. 하지만 페렐만은 그 상과 백만 달러라는 상금을 거부해서 백만 배 제곱만큼 더 유명해졌답니다.